海上人權路

國家人權委員會
NATIONAL HUMAN RIGHTS COMMISSION, TAIWAN

外籍漁工人權專案報告

接軌國際 人權永續

國家人權委員會主任委員 陳菊

臺灣是一個海洋國家，也是全世界矚目的漁業大國。由於我國漁業勞動力高度仰賴外籍漁工，因此我國的漁業政策以及海洋政策，是否重視漁工的人權，不僅攸關我國人權形象，更牽動整個產業的供應鏈。不論境內或境外僱用，還是權宜船上的漁工，他們的人權保障已是這個產業鏈中重要且迫切的議題。

事實上，外籍漁工的勞動人權狀況近年來遭到各界批評，包括漁貨市場國、漁工來源國、民間團體、國際組織等，多次指出臺灣的遠洋漁船上，存在系統性的勞動剝削。我國漁業的撈捕實力在全世界名列前茅，但是對待勞工的態度，還有很多地方需要改善，許多不符合國際公約的標準，造成國際社會以及人權團體諸多的批評。

為瞭解外籍漁工的生活與安置狀況，二〇二〇年十一月，我們曾經前往高雄海員漁民服務中心參訪，實地勘察遠洋漁業漁工的情形。二〇二一年二月，國家人權委員會通過決議：彙整監察院六個重大外籍漁工人權相關調查案件，以釐清外籍漁工所遭遇的系統性人權問題，並成立外籍漁工人權專案小組。這個專案由我擔任召集人，原調查委員王幼玲委員、紀惠容委員、王美玉委員共同督導。

監察院的六個調查案從印尼、南非、萬那杜、美國到臺灣，可以看到隨著全球漁業治理的觀念演進，影響了這個產業中從業者的行為模式。我們從這些案件中整理出亟待解決的漁工人權問題，包括：強迫勞動、跨國仲介、申訴機制、權宜船的管理、薪資匯款、境內境外聘用漁工法令適用不同的問題等。

國家人權委員會在長達十個月以來的努力，就這些問題進行了解及溝通，辦理漁工人權專業論壇，也到高雄前鎮漁港及宜蘭南方澳漁港實地訪視及座談交流，並與相關政府機關、民間團體、相關業者進行四場座談，期望提出具體建議，實際解決問題。

大海無疆、人權無界。漁業是國際性的產業，漁船在海上作業必須符合全球漁業治理規範的要求。聯合國積極推動的二〇三〇永續發展，目標包含十七項核心目標，其中特別強調「人」是永續發展的核心。臺灣必須與國際標準接軌，保障漁工人權，才能留住優質的漁業勞動力，讓漁業永續發展。國家人權委員會與政府、業者、民間團體一起努力，共同合作以促進及保障人權。

平等對待外籍漁工

國家人權委員會委員　王幼玲

外籍漁工人權向來是我們非常重視的議題，因此，我在國家人權委員會提案，彙整監察院六個重大外籍漁工人權相關調查案件，做成外籍漁工人權專案報告。這是我們第一次嘗試將監察調查案件轉到國家人權委員會，希望建立一個協作的模式，也是人權會第一個針對職權中重要人權議題提出的專案報告。

我們整理出案件中的制度性問題，加上三十四個跨國非政府組織所提出的「終結遠洋漁業強迫勞動」訴求，請各相關政府部門說明執行情形，並且運用訪視及座談等調查方法，希望建立一個溝通的平台，與政府及相關團體對話。

基於《經濟社會文化權利國際公約》所揭示的平等權，人人有權享受公平與良好之工作條件，確保獲得公允之工資、安全衛生之工作環境及休息、合理限制工作時間，以及享受社會保障包括社會保險，不因種族、膚色、性別、語言、宗教等受到歧視。就算境外聘僱的漁工目前無法立即直接適用《勞動基準法》，他們的勞動條件仍然要符合人權標準，我也在專案報告中提出具體建議。

和漁業產業鏈相關的利害關係人，都無法避免會受到國際供應鏈人權標準的檢視，人權不只是政府的事，還有民間企業、跨國仲介機構以及這個產業鏈中的利害關係人，都應該一起來重視漁工人權。

直視漁工人權

國家人權委員會委員　紀惠容

二〇一九年，第一次在梵諦岡教廷主辦「從牧靈取向面對人口販運」全球大會，被南非開普敦神父告狀臺灣虐待漁工，我覺得羞愧到想要鑽個地洞。雖然，臺灣二〇〇六年通過「防制人口販運行動計畫」，透過預防、保護、查緝、夥伴關係等防制，已連續九年被美國國務院人口販運報告評比為表現最優越的第一級，但是面對神父舉證歷歷，秀出被虐待的漁工照片，傷痕累累的身體與脖子的勒痕，還有破爛不堪的船與床鋪，甚至被剋扣後剩下的薪資單，每月不到兩百美元。

他還說，全球遠洋漁船就屬中國與臺灣的船公司最糟，不僅船型老舊，還極盡能事地虐待漁工，甚至都不發給漁工工作手套。這些臺灣所謂的遠洋「權宜船」，游走法律邊緣，在國外登記船籍、招聘他國勞工，閃過了臺灣法令，卻逃不過國際的譴責。

接著，二〇二〇年臺灣外籍漁工人權保障聯盟公布一項調查報告，發現臺灣的外籍漁工有百分之九十二的人被扣薪、百分之二十四受到肢體暴力（多數為踢打）、百分之八十二超時工作，常會需要工作長達二十小時，幾乎沒有時間休息；近一半的外籍漁工也未依法納入勞保。

以上是我還未成為國家人權委員時就已揭露的議題，總覺得國家必須做些事情。有幸加入國家人權委員會的「外籍漁工人權專案小組」，啓動一系列的履勘、對話、協作，我相信臺灣會有所改變。

人口販運將人「商品化」、「奴隸化」，是泯滅人性的重罪；它侵犯受害者的自由和尊嚴，嚴重損害了整個人類與家庭。臺灣號稱人權立國，就要省思餐桌上吃的魚、市場上買來的魚，是否是血汗漁工打撈來的。我們必須看見漁工受害者與家庭的傷痛，一起停止人口販運。

杜絕海上奴工

監察委員　王美玉

二〇一五年發生兩件事讓臺灣必須面對血汗漁工的指責；一件是歐盟對臺灣遠洋漁業提出黃牌警告，一件是我國籍漁船福賜群號漁工SUPRIYANTO死亡案件，引起政府、國內外媒體與人權團體的關注。監察院也開始一系列有關外籍漁工人權的調查，特別是在權宜船、跨國仲介管理方面，經常遭到各界批評有勞力剝削的情形。很高興國家人權委員會陳菊主任委員特別重視漁工的勞動權益，成立專案小組進行調查，與行政院合作促進漁工人權，打造一條海上人權路。

權宜船相關管理條例，當初的立法目的是要防止IUU（非法、未報告及不受規範）的非法捕撈，並未將勞動條件納入規範。目前國際上通常是利用港口國措施對權宜船進行管制，由於我國沒有完備的法制依據，使得權宜船形同法外之船。

還有臺灣的仲介替權宜船甚至外國籍漁船招攬外籍漁工，有些漁工簽訂的勞動契約，內容如同賣身契。跨國人力仲介如果欠缺有效的監督管理，很可能導致漁工被兩國的仲介雙重剝削、剋扣薪資。

調查的過程中，我們看到外籍漁工人權的種種問題，也取得行政院承諾改善，包括對權宜船將採取總量管制、將克服薪資直匯的困難讓漁工確實領到足額薪資等。在這份專案報告的結論裡，具體建議行政院應積極推動相關法律的修正。

專案報告的出版，是這段時間以來專案小組工作的總結，但並不代表這個議題就到此為止，我們將會繼續地投入關注。期待透過國家人權委員會與行政部門及民間團體的合作與努力，有關權宜船管理與仲介的監督機制，能夠逐步落實，並且做到杜絕海上奴役、改變臺灣被批評侵害漁工人權的國際形象，同時保護我國遠洋漁業的永續發展。

摘要

國家人權委員會第一屆第十三次會議決議：彙整監察院有關外籍漁工權利相關調查案件，做成國家外籍漁工人權專案報告。

本專案報告即以監察院六個外籍漁工調查案件為基礎，將個案放入系統化的脈絡下，從海上勞動的特殊性開始談起，分析境外境內漁工聘僱雙軌制的問題、權宜船的形成原因與問題、跨國供應鏈的強迫勞動與企業責任、所涉相關國際公約及人權指標，兼及我國特殊國際地位的因素所導致的困難等。

除了將相關問題歸納整理聚焦於八大面向之外，同時針對民間團體「終結遠洋漁業強迫勞動」所提訴求，發函相關機關，請各機關提供執行情形與可行性評估。透過辦理專業論壇，實地至高雄旗津及前鎮漁港、宜蘭蘇澳南方澳漁港履勘及產官學交流座談、三場次機關會談及一場次焦點議題座談等各種調查方法，尋求答案。

專案報告從四個方向提出具體建議：一、有效提升勞動條件，保障平等權；二、透過國際合作，納管權宜船；三、強化仲介管理，避免雙重剝削；四、打擊海上強迫勞動，及時申訴處理。

永續漁業必須建立在人權的永續上，特別是遠洋漁業，不僅受到國際海洋法全球漁業治理的要求，也受到國際勞工公約的規範，漁業的經營者必須符合國際人權標準，漁獲才能夠通行無阻。最後也期許政府及民間共同合作，持續改革，杜絕海上奴役。

關鍵詞：外籍漁工、勞動權益、海上勞動、境外聘僱、權宜船、仲介管理、強迫勞動、漁業工作公約、船居生活照顧

目錄

參 聚焦

壹

前言

餐桌上的海鮮背後，可能都有著遭到暴力虐待、剋扣薪水、沒有休假的外籍漁工。國家人權委員會以監察院六個調查案為基礎，持續追蹤海上勞動的現場到底發生了哪些問題。

二〇一六年二月二十四日，美國總統歐巴馬在白宮簽署了一項貿易法案：《二〇一五年貿易便捷化暨貿易執行法》（Trade Facilitation and Trade Enforcement Act of 2015）。這個法案彌補了美國一九三〇年《關稅法》（Tariff Act）中的漏洞，刪除原本的例外條款，以往若是因為美國本身並未生產或生產量不足時，可以基於「消費需求」例外允許進口某些強迫勞動製造的產品。在刪除了例外條款之後，終結長達八十五年的法律漏洞，讓海關可以更嚴格執法，[1]禁止美國進口東南亞奴工抓的魚、非洲小孩採的黃金等，確保美國不再進口由童工、奴工生產的產品。[2]

時序往前推，二〇一五年「美國聯合通訊社」（Associated Press，簡稱美聯社）由四位記者長達一年的追蹤調查，記錄下受困於印尼偏遠島嶼班吉那（Benjina）的漁工所遭遇到的不人道待遇。這個「血汗海鮮」（Seafood from Slaves）系列報導，[3]追根溯源、

1 美國一九三〇年《關稅法》第三〇七條及三〇八條，禁止進口經由強迫勞動包括強迫兒童勞動、契約奴工（Indentured）或強制監獄勞動等方式生產之商品，違反本法者可受罰緩、監禁、制裁等處罰。此外，《美國法典》第一九卷第一三〇七部分（19 U.S. Code §1307）禁止進口在外國由強迫勞工包括囚犯、強迫童工和契約勞工全部或部分開採、生產或製造的貨物。該等貨物可能被拒入境或予以扣押，進口商亦可能受到刑事調查。
美國海關及邊境保護局（CBP）有權就涉及強迫勞動製造之進口貨品依法退運或沒入相關產品，並對該進口商發布「暫停通關令」（Withhold Release Order, WRO）。但是，以往若因為美國國內產量不足以滿足「消費需求」（consumptive demand）時，則可以例外允許進口某些強迫勞動製造的產品。這個法律漏洞，導致美國自二〇〇一年至二〇一五年間未發布任何的WRO。

2 Martha Mendoza，〈歐巴馬禁止美國進口奴役製品〉，美聯社，二〇一六年二月二十五日。https://www.ap.org/explore/seafood-from-slaves/Obama-bans-US-imports-of-slave-produced-goods.html，最後瀏覽日期：二〇二二年六月八日。

3 〈「血汗海鮮」系列報導〉，美聯社。https://www.ap.org/explore/seafoodfrom-slaves/，最後瀏覽日期：二〇二二年六月八日。

港邊正在整理漁獲的外籍漁工

揭露美國超市及餐廳裡的海鮮來自被奴役、剝削的東南亞漁工，當時有二千多名來自緬甸、柬埔寨、寮國、泰國的奴工，受到誘騙被拐賣到印尼，在惡劣環境下長時間工作，想休息就會被船長鞭打。[4]美聯社的系列報導，不但協助了這些奴工獲得自由、重返家園，並且獲得二〇一六年普利茲新聞獎最高榮譽「公共服務獎」。這些相關報導也促成了《二〇一五年貿易便捷化暨貿易執行法》刪除前述例外條款所造成的法律漏洞，美國自此開始嚴格執行，禁止進口強迫勞動所生產的商品。

強迫勞動漁獲

當二〇一六年歐巴馬簽署這個法案時，臺灣的媒體報導及相關研究，都把重點放在臺灣被列入匯率操縱國觀察名單可能造成的影響，卻沒有注意到，二〇一九年至二〇二〇年之間，陸續有四艘我國籍或我國人投資的遠洋漁船遭美國海關及邊境保護局（CBP）發出暫停通關令（WRO），這四艘船為和春六十一號、漁隆二號、大旺號、連億興十二號。[5] 直到二〇二〇年九月三十日，美國勞工部公布第九版「童工或強迫勞動生產之貨品清單」，將我國遠洋漁船漁獲列於其中，才引起了臺灣社會的廣泛注意。

事實上，美國國務院「年度各國人權報告」及「人口販運問題報告」[6] 已經多次指出臺灣遠洋漁船上存在系統性的勞動剝削問題，外籍漁工的勞動人權近年來更是屢遭民間單位批評：[7]

4 維多魚，〈歐巴馬：禁童工產品入美〉，地球圖輯隊，二〇一六年二月二十六日。https://dq.yam.com/post.php?id=5612，最後瀏覽日期：二〇二一年六月十日。

5 具體情形請見監察院一一〇財調〇〇〇七調查報告（我國遠洋漁船漁獲遭美國列入強迫勞動貨品清單案），頁七八－八〇。

6 美國二〇二〇年「人口販運問題報告」（Trafficking in Persons Report）明確指出：「我國因調查人力及協議不足，讓臺灣籍漁船以及臺灣船東擁有的權宜船勞力剝削問題持續受挫。」

7 王美玉委員，〈杜絕海上奴工——打擊人口販運〉，國家人權委員會《「二〇二一酷刑防制國際運作暨漁工人權專業論壇」會議手冊》，頁八二－八九。監察院一一〇財調〇〇〇七調查報告（我國遠洋漁船漁獲遭美國列入強迫勞動貨品清單案）。

- 環境正義基金會（EJF）於二〇一八年至二〇一九年調查了臺灣六十二艘漁船（五十九艘臺灣籍、三艘權宜船），發現有百分之九十二扣留工資、百分之八十二超時工作、百分之三十四語言虐待、百分之二十四身體虐待、百分之十八工資低於最低工資（四百五十美元）。
- 綠色和平基金會於二〇一九年十二月九日發布《海上奴役》報告（Seabound：The Journey to Modern Slavery on the High Seas），指出臺灣遠洋漁船被多名外籍漁工投訴，疑似利用外籍漁工的弱勢處境欺騙他們、扣減薪水、扣押護照、施以暴力對待等。
- 全球共計三十四個來自臺灣、印尼、澳洲、韓國和美國等國際非政府組織（NGO），在二〇二〇年十一月世界漁業日前夕，發出一份聯合聲明，呼籲我國政府改善臺灣遠洋漁業的人權問題。

由於美國勞工部二〇二〇年「童工或強迫勞動生產貨物清單」報告將我國列入「透過強迫勞動捕撈魚產品」清單，並有相關報導指出我國遠洋漁船涉強迫勞動等非法捕魚行為，美國連鎖食品業者全食超市（Whole Foods Market, Inc.）資深副總裁Karen

Christensen於二〇二一年三月三十一日致函蔡英文總統，表示該公司作為永續野獲海鮮產品的主要購買者，請我國政府採取相關措施解決。

所謂「強迫勞動」，根據國際勞工組織（ILO）第二九號《一九三〇年強迫勞動公約》第二條的定義，是指：「以任何懲罰之威脅迫使而致，且非本人自願提供的工作或服務。」若依據我國《人口販運防制法》規定，人口販運之態樣，分為性剝削、勞力剝削與器官摘除三種類型。強迫勞動即屬於第二條定義中的以不法手段使人從事「勞動與報酬顯不相當之工作」，也就是勞力剝削類型之人口販運。

「童工或強迫勞動生產之貨品清單」在美國普遍被認為是對於強迫勞動狀況具有公信力的資訊來源，也是美國企業的採購決策及社會責任政策制定的依據。而且美國是臺灣漁獲主要出口市場之一，主要銷往超市、自助餐和餐廳等通路；未來臺灣遠洋漁船的漁獲產品出口美國將面臨嚴格限制。[8] 漁獲消費市場大國的消費者對於出現在他們餐桌上的海鮮，做出道德選擇的消費行為，牽動了整個遠洋漁獲的供應鏈。

8 進口商要提供三個月內產銷履歷，證明產品並非強迫勞動生產製品，否則不得進口。參見「外籍漁工人權保障聯盟」二〇二〇年十月二日新聞稿，〈美國勞工部首次將臺灣漁獲名列「強迫勞動製品清單」〉，取自：https://www.tahr.org.tw/news/2786，最後瀏覽日期：二〇二一年六月十七日。

我國漁業發展及漁業勞動力概況

我國遠洋漁業之發展情勢，根據《二〇一九年行政院農業委員會漁業署年報》指出：遠洋漁業平均年產量約六十九萬七千二百公噸，總作業船數約一千一百四十艘，包括鮪延繩釣、鰹鮪圍網、魷釣及秋刀魚棒受網。作業海域遍及世界三大洋，每年總產值約新臺幣三百八十五億六千三百萬元。[9] 為維護我國漁船在三大洋之作業權益，以「捕魚實體」身分積極參與三大洋區域性漁業管理組織的運

作，每年爭取限制魚種之漁獲配額約九萬公噸。另外，經農委會許可之我國人投資經營非我國籍漁船（權宜船）計有二百五十五艘。[10]

沿近海漁業[11]（含內陸漁撈）近年的年產量約為十七萬五千六百公噸，年產值在一百六十三億一千一百萬元左右，漁業種類呈現多樣性發展。為達漁業資源合理利用及漁業永續之目標，自一九八九年起全面實施漁船限建制度，逐步降低漁船（筏）數量外，漁業署亦依據不同漁業別特性及漁獲量情況，訂定全國性或地區性法令進行漁業管理，落實責任漁業，以利沿近海漁業資源復育及永續發展。此外，為落實外籍船員人權保障，於基隆、澎湖及高雄等地區設有外來船員休憩活動場所。

9 根據漁業署一〇九年漁業統計概要，一〇九年遠洋漁業生產量為四十三萬公噸，產值為二百五十六億六千五百萬元。

10 截至二〇二一年十一月八日止，我國人投資經營的漁船，在漁業署登記的權宜船中，註冊的船籍國前三名為巴拿馬七十三艘、萬那杜七十二艘、塞席爾四十三艘。

11 沿海漁業係指在我國領海內（十二浬以內）作業的漁業；近海漁業係指在我國經濟海域內（十二至二百浬）作業；遠洋漁業係指在我國二百浬外海域，或以漁業合作方式在他國經濟海域內作業的漁業。

臺灣漁業產量與產值超過八成係由漁撈業（遠洋、沿岸及近海漁業）所貢獻，其中遠洋漁業貢獻超過五成，維持漁業發展的基本要素為漁業勞動力。

我國漁船船主僱用外籍漁工從事海洋漁撈工作，依漁船作業之需求，僱用型態可概分為境內僱用（近海作業漁船）及境外僱用（遠洋作業漁船）兩種類型。境內僱用外籍漁工係依《就業服務法》引進、許可與管理，適用《勞動基準法》、《職業安全衛生法》及《勞工保險條例》等國內勞動法令，由勞動部主管；境外僱用外籍漁工係依《遠洋漁業條例》許可與管理，大多採境外聘僱、境外解僱，由行政院農業委員會主管。

此外尚有受僱於船籍登記註冊於外國的「權宜船」（Flag of convenience，簡稱FOC）上的外籍漁工，我國並非權宜船之船籍國，欠缺行政管轄的法源，然而大多數權宜船的船籍國並無管理能力，漁工的處境常常陷入三不管地帶，長期以來一直備受國內外人權團體關注與極力聲援。

由於海上漁撈作業環境特殊且辛苦，與陸上工作相較具有辛苦困難（Difficulty）、離家遠（Distance）、危險高（Danger）及環境不佳（Dirty）等4D特性，國人上船意願低，導致漁業勞動力嚴重缺工。

根據行政院主計處資料顯示，農林漁牧業的平均薪資為所有產業中最低，再者漁業薪資多採分紅制，船員基本薪資低，船員收入好壞完全仰賴漁獲分紅，漁獲量的不穩定性直接影響船員收入，漁撈工作相對辛苦且危險，但收入卻相對不穩定，大幅降低國人從事該產業的意願。[12]

又根據漁業署的統計，近十餘年來外國籍漁工已成為我國一千一百餘艘遠洋漁船勞動力主要來源，現行僱用將近二萬名外籍漁工，主要來自印尼（占百分之六十）及菲律賓（占百分之三十），還有越南（占百分之五）等國。引進方式約三分之二透過仲介聘僱，三分之一為經營者自聘。[13]而境內僱用外籍漁工從事海洋漁撈業的統計，至二〇二一年七月底止，約有一萬六百一十九人，亦以印尼籍為最大宗，其次為菲律賓及越南籍。

監察院介入調查

臺灣作為一個勞動力幾乎完全依賴外籍漁工的漁業大國，卻因為規範不足、外國仲介未納入管理等，衍生諸多爭議。近幾年由於境外僱用的遠洋漁船，發生幾宗重大涉及強迫勞動與人口販運的案件，臺灣遠洋漁業因此遭致「血淚漁場」與「血汗海鮮」的國際譴

12 陳亞鈴，《高雄市漁業勞動力研析》，高雄市政府海洋局統計專題分析，二〇一七年五月，頁二。

13 張致盛署長，〈臺灣遠洋漁船外籍船員權益保障精進政策——以權宜船與仲介為例〉，國家人權委員會《「二〇二一酷刑防制國際運作暨漁工人權專業論壇」會議手冊》，頁一〇〇－一〇七。

責。外籍漁工遭到剝削的指控歷歷，監察院也陸續立案調查，於二〇一六至二〇二一年間完成六個重大外籍漁工人權案件的調查，並對行政院農業委員會及漁業署、內政部移民署、海洋委員會、外交部、勞動部等政府機關提出糾正，這六個調查案件是本件外籍漁工人權專案報告的基礎：

- 監察院一〇五財調〇〇四二調查報告：「福賜群」號漁船虐待境外聘僱漁工致死案
- 監察院一〇八財調〇〇二八調查報告：「福甡拾壹號」違反漁業工作公約遭國際拘留案
- 監察院一〇九財調〇〇一九調查報告：境內聘僱之外籍漁工權益案
- 監察院一一〇財調〇〇〇六調查報告：權宜船管理制度案
- 監察院一一〇財調〇〇〇七調查報告：我國遠洋漁船漁獲遭美國列入強迫勞動貨品清單案
- 監察院一一〇財調〇〇〇八調查報告：我國對於外籍漁工聘僱仲介的制度與管理案

上述已完成調查報告的六個案件，所涉及的問題錯綜複雜，經過彙整後，約可歸類為如下幾個面向：

❶ **法令適用疑義與主管機關權責歸屬：**船員法、勞基法、遠洋漁業條例、漁業法；主管機關權責、漁船勞動檢查

❷ **漁工勞動權益保障：**勞動契約、勞動條件規範、境內外聘僱差別待遇、組織工會困難、勞工保險投保率低

❸ **勤前教育：**船員證、船員訓練、基本安全衛生訓練未落實

❹ **人力問題：**駐外人力不足、檢查人力不足、資源不足、訪員訓練不足

❺ **權宜船管理：**缺乏權宜船勞動權益相關規範，港口國檢查未及於漁船、權宜船勞力剝削的管理機制、違法權宜船未移送船籍國裁處

❻ **仲介管理**：仲介機構管理及評鑑、勞動部審核及管理機制失靈、部分縣市對仲介機構訪察頻率不足、仲介代墊薪資問題、仲介管理權責歸屬

❼ **強迫勞動之人口販運**：移民署、海巡署、司法及檢調機關、地方政府對人口販運認識不足、鑑別困難——「強迫勞動」與「勞資爭議」之定義不清，漁業署非《人口販運防制法》之責任通報人員，人口販運查察機關人員的偵查技巧有待提升等

❽ **船居生活照顧**：外籍漁工船居環境、友善外籍漁工措施或設施

這六案涉及哪些國際公約與人權指標？究竟臺灣漁業的勞動情形有何問題？是否只剩下勞動剝削才得以生存發展？民間團體包括「外籍漁工人權保障聯盟」及其他國際非政府組織提出「終結遠洋漁業強迫勞動」的訴求，目前執行情形如何？政府部門做了哪些努力又遭遇哪些困境？

國家人權委員會持續追蹤

國家人權委員會以六個調查案為基礎，將個案放入系統化的脈絡下，從有別於陸上勞動的「海上勞動特殊性」開始談起，於本報告中分析境外境內漁工聘僱雙軌制的問題、所涉之國際公約及人權指標，兼及我國特殊國際地位的因素所導致的困難等。初期目標是要

處理調查案件中個案所涉及的政策規劃與執行層面的各種狀況，除了政府部門的角色之外，希望能更進一步推動民間企業與仲介機構重視並精進漁工人權的保障。

我國漁業近年來面臨許多來自國際間的壓力，二〇一五年歐盟將我國列入打擊IUU（非法、未報告及不受規範）漁業不合作國家警告（黃牌）名單，歷經三年九個月的努力，終於促使歐盟執委會於二〇一九年六月解除我國黃牌警告。[14]未料二〇二〇年我國遠洋漁船漁獲又被美國列入「童工或強迫勞動生產之貨品清單」，漁業署說明，前述清單雖然不及美國海關暨邊境保護局（CBP）對個別漁船暫緩漁獲輸入美國的管制強度強，但市場是自由交易，若個別業者因此有所考量，也會影響漁獲交易。[15]

在美國將臺灣遠洋漁獲列入強迫勞動產品名單之後，重創了臺灣的國際人權形象，外籍漁工人權成為臺灣最重要且急迫需要解決的議題。特別是本國人投資卻在其他國家註冊插旗的權宜船，以及不易管理的仲介更是重中之重。我國並非權宜船的船籍國，除非涉及

14 二〇一五年歐盟指認我國為打擊「非法、未報告及不受規範」（Illegal, unreported and unregulated: IUU）漁業不合作之國家，並發出黃牌警告，讓臺灣遠洋漁業之國際形象雪上加霜。農委會說明，歐盟係在二〇〇八年通過「預防、制止和消除IUU漁業法規」（IUU Regulation），實施輸歐盟漁獲認證機制，並自二〇一一年起稽核第三國，對於未履行國際漁業管理責任之國家，列為警告（黃牌）名單，並透過雙邊諮商共同合作改善其國家漁業管理制度；若無法改善，則被指認為不合作（紅牌）名單，禁止水產品輸入歐盟。參見農委會新聞稿，〈臺灣自歐盟打擊IUU漁業黃牌名單除名〉，二〇一九年六月二十七日。

15 〈美列臺灣漁獲為強迫勞動貨品清單盼一一一年秋解除〉，中央社，二〇二二年五月六日。https://www.cna.com.tw/news/ahel/202105060352.aspx，最後瀏覽日期：二〇二二年六月十七日。

違反人口販運防制法，否則並無管轄權。可是在權宜船上發生違反勞動人權，凌虐漁工的事件，卻都被歸因為臺灣政府的不積極作為，形成通過臺灣許可投資經營的漁船，政府卻無法可管的困境。[16]

國家人權委員會進行的專案報告，除了以六個調查案件的書面資料作為基礎外，也透過辦理專業論壇、到前鎮漁港及南方澳漁港實地訪視、與業界及民間團體交流座談、與各部會進行溝通協調等方式，追蹤政府部門面對遠洋漁業的勞動人權問題如何逐步改進，並在專案報告中提出建議。

16 王幼玲委員致詞稿，《「二〇二二酷刑防制國際運作暨漁工人權專業論壇」會議手冊》，國家人權委員會，頁八〇—八一。

1 從南方澳岸置中心的窗戶望向漁港的方向。 2 宜蘭南方澳斷裂的跨港大橋。 3 宜蘭南方澳第三漁港。

貳

場景

境外聘僱制度，打開剝削外籍漁工的大門。他們每月薪資不到四百五十美元，每日平均工時長達十四小時，而命喪他鄉的SUPRIYANTO，他身後的薪水外加撫卹金只有新臺幣十四萬五千三百元。面對消費者意識的反彈，臺灣必須改變以最低成本追求最大漁獲量的發展邏輯。

透過這六個監察院的調查案件，從印尼到南非、萬那杜、美國，再回到臺灣，看看那些海鮮是如何從遠洋到餐桌，初步瞭解外籍漁工的人權問題。

場景一

印尼：境外聘僱無法可管

監察院一〇五財調〇〇四二調查報告：福賜群號漁船虐待境外聘僱漁工致死案

我國一艘高雄籍鮪延繩釣漁船「福賜群」號，於二〇一五年四月二十九日以境外聘僱方式，向高雄區漁會申報僱用七名印尼籍漁工，經高雄市政府海洋局發函備查，於五月十二日自屏東東港出海，船上載有我國籍船員二人、印尼籍漁工九人，前往太平洋海域作業。

同年七、八月，這艘船上，有一名漁工URIP MUSLIKHIN在收網時因為風浪過大落海失蹤，船長卻不願回頭救援；還有一名漁工SUPRIYANTO疑似受虐致死，這個案件受到國際媒體BBC INDONESIA大幅報導，引起國際間高度關切。

印尼籍漁工SUPRIYANTO死亡前，透過同船漁工以手機所拍攝的三段影片控訴自己遭到毆打、虐待。他還簽下不合理、不平等的勞動契約，他說契約內容寫著：「我每月薪資是美金三百五十元……，因為船已經出航，薪水每次靠岸時才會發（預計六個月，一年或二年）……，我的薪水會被扣美金九百元當保證金，如果合約未滿或公司解除合約，保證金無法歸還給我……，船公司所安排的工作，我一定同意配合，包括被分配幫忙其他的船。」

調查報告指出，死亡的印尼籍漁工SUPRIYANTO曾在八月初向船長反映身體不適，船長卻未能及時就近安排治療，因延誤就醫導致傷口感染引發菌血症，因敗血性休克死亡。SUPRIYANTO帶著想改變命運的夢想，來到「福賜群」號漁船工作，五月出港工作，還不到四個月的時間，八月就不幸身亡，在他死後家屬領到四個月的薪水共計一千四百美元，隔年八月，船主和家屬以新臺幣十萬元和解。他命喪異鄉，薪水加撫卹總計約新臺幣十四萬五千三百元。

監察委員調查發現，SUPRIYANTO有兩份勞動契約，分別是「申請核准」用與「實際執行」兩個版本，實際執行的契約充滿不合理的勞動條件、每月遭不當剋扣薪資與保證金等。[17]

這個案件顯示出我國遠洋漁船上的普遍現象，在境外聘僱的外籍漁工是最底層的勞力，又處於高危險的惡劣工作環境，表面上雖然有定型化契約保障權益，卻屢屢發生漁工私人文件被扣押、超時工作、沒有休假、伙食醫療差、薪資爭議、被奴役虐待等問題，國際媒體報導並以「奴工」、「奴隸」加以形容。

而境內、境外聘僱漁工適用法規保障存有差別待遇，也與《經濟社會文化權利國際公約》宗旨不符。以工資為例：境內聘僱引進的外籍漁工，多於沿近海漁船從事漁撈作業，受《勞動基準法》基本工資保障；遠洋漁船的外籍漁工多於境外聘僱、境外解僱，工資依國際勞動力市場機制，由漁船主與漁工雙方協議，雖載明工資不低於當地國薪資生活水準，但是同樣受僱於我國漁船的印尼籍漁工，卻會因為聘僱的方式不同，導致沿近海與遠洋漁撈工作的勞動條件，產生極大落差。

「福賜群」號漁船發生印尼籍漁工SUPRIYANTO遭虐待致死，是監察院第一個外籍漁工人權相關的調查案件，這個調查案引起國內外輿論關注血汗漁工問題，並揭露外籍漁工遭到嚴重剝削的事實，當時臺灣又面臨被歐盟祭出黃牌警告列為IUU漁業不合作國家的嚴峻處境。這兩個事件促成了二〇一六年遠洋漁業三法的迅速修法，境外聘僱的外籍漁工，其勞動權益至此才有了最基本的法律依據，新制定的《遠洋漁業條例》及其子法〈境外僱用非我國籍船員許可及管理辦法〉，成為保障境外漁工的規範基礎。

17　監察院新聞稿，〈外籍漁工勞動權益遭漠視　監察院糾正農委會及漁業署〉，二〇一六年十月五日。

場景二

南非開普敦：漁業工作公約生效

監察院一〇八財調〇〇二八調查報告：
福甡拾壹號違反漁業工作公約遭拘留案

歐盟黃牌的危機尚未解除，卻又發生我國籍漁船「福甡拾壹號」在南非開普敦被扣留的事件。「福甡拾壹號」是一艘船齡老舊的漁船，由高雄市新高造船公司於一九七〇年一月建造完成。農委會二〇一七年十二月核發遠洋漁業作業許可證明書，同意「福甡拾壹號」漁船在大西洋區以鮪延繩釣作業。

該艘漁船因船隻嚴重傾斜，有適航性的問題，且印尼駐開普敦總領事館領事Gardis Ranty女士接獲船上三名印尼籍漁工的投訴，由於南非為《二〇〇七年漁業工作公約》(ILO-C188) 的簽署會員國，依據該公約第四十三條第二項之規定，[18] 港口國於收到申訴漁船不遵守公約的要求時，採取對漁船檢查的措施。經南非政府的兩名檢查員檢查發現救生圈破損已不堪使用、船錨已無法正常操作、沒有船員名單、提不出船員與雇主的工作契約、船上食物不足、住宿條件、安全與衛生條件極差等情形。南非政府登船檢查後，依公約將報告副本提交國際勞工局局長。

國際勞工組織（ILO）於二〇一八年七月十七日在網站上公布臺灣漁船「福甡拾壹號」涉違反二〇一七年生效之第一八八號《二〇〇七年漁業工作公約》，於五月中遭南非留置，成為公約生效之後世界第一艘被國際拘留的漁船。這個消息引起國際媒體關注並大篇幅報導，重創我國聲譽及形象。

監察委員調查發現，派駐於開普敦辦事處的漁業專員，欠缺緬甸及印尼語的通譯人員協助，只靠翻譯軟體進行訪談溝通，無法掌握實情，漁業署從獲悉該漁船被留置到ILO揭露此事，將近二個月期間遲遲無法釐清真相，甚至在第一時間發布新聞稿反駁「福甡拾壹號」並未違反《二〇〇七年漁業工作公

18《二〇〇七年漁業工作公約》第四十三條第二項規定：「漁船在正常行程中或出於業務原因在一個會員國港口靠岸，該會員國收到申訴或掌握證據表明漁船不遵守本公約的要求，可準備一份提交給船旗國政府的報告，將副本提交給國際勞工局局長，並可採取必要的措施更正船上對安全或衛生明顯有害的任何狀況。」

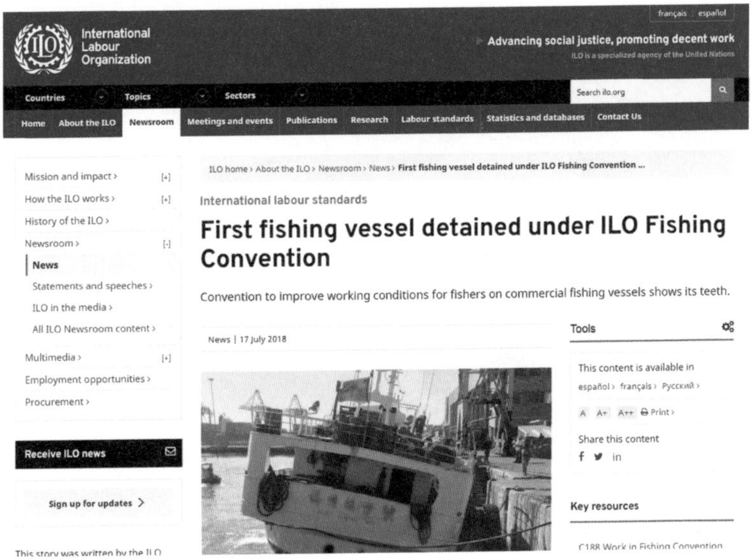

國際勞工組織（ILO）在網站上公布第一艘違反漁業工作公約的漁船，引起國際媒體關注。

約》，僅是因為船體傾斜、適航性問題被南非海事安全局留置，修繕之後就可以重新出港作業。

即使漁業署要求「福甡拾壹號」二〇一八年六月底解除留置後應立即返航並全程監控，該漁船卻在返航途中將訊號關閉，數日後駛入模里西斯外海錨區進行機械維修，並告知船上二十四名外籍漁工，這艘船將要轉換雇主，趁此機會解僱部分人員，要求他們簽署自願離船聲明書並送返回國。八月十三日「福甡拾壹號」漁船出了模里西斯錨區，一個月後進入臺灣高雄小港，當時船上僅剩下七名外籍漁工。該船在模里西斯還更換了船長，返航途中實際上是由中國籍船員駕船，依據〈漁船船員管理規則〉，我國籍漁船應由我國國人擔任船長，「福甡拾壹號」漁船於八月十三日向高雄市政府申請，由具有一等船副執業證書之黃姓幹部船員代理一等船長之職務，然而該黃姓代理船長並未有出境紀錄，卻能以船長身分隨船返航。

2018年10月12日，監察委員王美玉、王幼玲赴高雄實地履勘福甡拾壹號漁船。

1

2

3

1 福甡拾壹號漁船停靠的港口。
2 福甡拾壹號漁船的船身明顯老舊。
3 監察委員王美玉、王幼玲拜會印尼司法暨人權部，研商打擊剝削漁工議題。

在國際輿論指責下，漁業署透過民間團體赴印尼重啓調查，訪談該船漁工，發現確有未詳實回報漁獲資料、未經許可僱用非我國籍船員、無端提前解僱漁工、工資不足、船員曾被船長打、船居生活不佳、救生衣數量不足等情形，證實該漁船違反《二〇〇七年漁業工作公約》及〈境外僱用非我國籍船員許可及管理辦法〉，處以新臺幣三百七十五萬元、收回該船漁業執照五個月，並以該船涉嫌違反《人口販運防制法》，將船主、船長、仲介業主移送高雄地檢署偵辦。

調查報告指出，《二〇〇七年漁業工作公約》主要規範的內容包含：船長應負責船上漁工的安全和船舶的安全作業，保障漁工盡可能在最好的安全和衛生條件下從事工作，給予漁工時間充足的固定休息期以保證安全與健康，每艘漁船應攜帶船員名冊及每個漁工的書面契約，漁船上的住艙應有足夠的空間和品質，並提供適當的裝備、數量充足和品質過關的飲用水等，並應預防漁船上的職業事故、職業病和與工作相關的風險，以及培訓漁工掌握要使用的各種漁具及瞭解要從事的捕魚作業。漁業署應建立完善處理機制，以因應《二〇〇七年漁業工作公約》生效實施。

此外，「福甡拾壹號」漁船事件尚待檢討事項還有：一、外籍漁工之勤前教育不足；二、外籍漁工欠缺安全衛生訓練；三、境外聘僱仲介的管理；四、該船刻意規避檢查且事後查察事證取得不易，導致主管機關難以落實漁船查察機制等問題。

場景二

太平洋島國萬那杜：權宜船

監察院一一〇財調〇〇〇六調查報告：
權宜船管理制度案

臺灣人投資經營的萬那杜籍漁船「金春十二號」、「大旺號」，是依據我國《投資經營非我國籍漁船管理條例》之規定，經農委會漁業署許可之非本國籍漁船（Flag of Convenience，簡稱FOC，俗稱權宜船）。在綠色和平基金會東亞分部二〇一九年十二月發布的「海上奴役報告」中，指出這兩艘權宜船疑似涉嫌對外籍漁工有暴力行為、超時工作及剋扣薪資等強迫勞動情事。

該報告指稱，「金春十二號」的外籍漁工指控工作環境以及工作時數皆不如合約所示、薪資未依照合約每三個月支付。「大旺號」的漁工指控船長及水手長經常踢打漁工，有一名漁工遭重擊後，隔日被發現陳屍房間。船上其他十九名外籍漁工被迫簽署不明文件、被迫遣返，漁工返國後發現收到的薪資僅有五十美元。

「大旺號」、「金春十二號」分別於二〇二〇年三月十九日、四月八日進入高雄港，因COVID-19疫情期間，中央流行疫情指揮中心宣布二〇二〇年三月十九日零時起，限制所有非本國籍人士入境，導致這兩艘船上的外籍漁工無法取得臨時入境許可。而金春十二號的漁工R君及O君，以及大旺號V君等三名菲律賓籍漁工想要返回母國，無意願再出海工作，卻由於漁業署直到六月十五日才公告權宜船境外漁工入境措施，他們無法適用權宜船漁工入境的最新規定，因此三名漁工由仲介公司安排住在宿舍，門被反鎖遭限制行動自由，移民署、海洋委員會、漁業署都未就仲介公司有無違法限制人身自由進行調查。

由於R君及O君未獲入境許可，被認定是違法入境，自五月一日至五月二十日被移民署違法安置在機場管制區內等待離境班機，二十天都無法自由行動，直到法扶基金會的律師協助，向法院聲請提審，才於五月二十日當天當庭釋放。[19]

監察委員調查發現，近年來人權意識抬頭，我國少數國人為規避國內法令之規範，如漁船汰建限制、船員人數及資格之規定、作業規範及賦稅徵收等，藉以降低經營成本，轉而至管理鬆散或無實質管理之國家註冊船籍，即一般所稱之權宜船。我國《遠洋漁業條例》及《投資經營非我國籍漁船管理條例》均未研訂權宜船之勞動權益相關法令、[20]交通部的港口國檢查未及於漁船，且農委會漁業署非人口販運責任通報機關，權宜船並無相關法源依據可以進行行政檢查，因此「大旺號」、「金春十二號」二艘漁船進入高雄港後，漁業署僅能函請高雄地檢署偵辦。

美國2020年人口販運問題報告

調查報告指出，美國發布二〇二〇年人口販運問題報告明確提及：「……調查人力及協議不足，讓遠洋船隊（DWF）臺灣籍漁船以及臺灣船東擁有的權宜船勞力剝削問題持續受挫。」面對批評，我國積極解決權宜船勞力剝削問題，二〇二〇年十二月修正公告〈投資經營非我國籍漁船許可辦法〉第二條及第六條，規範我國人不得利用權宜船從事人口販運等行為，如果違反，漁業署得廢止投資經營權宜船之許可。依國際公約規範，權宜船屬船籍國管轄，容許我國能蒐集相關證據，通知並請求船籍國處罰，但是十年來卻未曾移送權宜船國裁處。而且我國還有漁工「轉運國」、「港口國」甚至漁獲「市場國」的責任，為避免外籍漁工遭強迫勞動情事一再發生，相關機關應加強與國際合作，共同打擊人口販運。

19 監察院新聞稿，〈臺灣人經營的權宜船疑涉嫌人口販運、限制漁工行動自由，監察院糾正內政部移民署、海洋委員會及農委會漁業署，並促請行政院檢討權宜船的管理機制，保障漁工人權〉，二〇二一年五月十日。

20 《投資經營非我國籍漁船管理條例》主要修法目的是因為面對歐盟黃牌壓力，避免我國投資經營者涉嫌IUU等違法漁撈行為或洗漁行為，並非針對人口販運或勞力剝削議題。

1

2

1 停靠在旗津造船廠的權宜船大旺號。

2 國家人權委員會履勘大旺號。

場景四

美國超市裡的海鮮：強迫勞動漁獲清單

監察院一一〇財調〇〇〇七調查報告：我國遠洋漁船漁獲遭美國列入強迫勞動貨品清單案

美國勞工部於美東時間二〇二〇年九月三十日公布第九版「童工或強迫勞動生產之貨品清單」，我國遠洋漁船漁獲因涉及強迫勞動被列於其中。美國勞工部原本認為將公海漁獲歸於任一個國家不符合國際法，且可能造成混淆，故僅將一國沿近海及專屬經濟海域所生產之海鮮產品作為納入清單之考量。而綠色和平基金會等民間團體認為清單豁免遠洋漁船於公海捕撈之漁獲，將破壞美國與國際社會在防制公海作業漁船強迫勞動與人口販運的努力，故該基金會美國辦公室偕同美國總工會、環境正義基金會等二十三個非政府組織及企業聯名於二〇二〇年二月三日致函美國勞工部，要求將公海捕撈之漁獲亦納入評鑑，並以臺灣漁船為例，說明強迫勞動常見於遠洋漁船。

依據ILO第二九號《強迫勞動公約》對於強迫勞動定義，係指「以任何懲罰之威脅迫使而致，且非本人自願提供的工作或服務」。在我國，強迫勞動是人口販運樣態中的「勞力剝削」，法務部對人口販運被害人之鑑別訂有「人口販運被害人鑑別原則」及「人口販運被害人鑑別參考指標」，供執行人員遵循，以具備「剝削目的」、「不法手段」及「人流處置行為」等三大要件來判斷。依據〈人口販運防制法施行細則〉第四條規定，所謂「勞動與報酬顯不相當」，係指綜合考量被害人實際勞動所得報酬與其工時、工作內容、工作場所、工作環境等勞動條件相較顯不合理者而言。

監察委員調查指出，以前述案件的權宜船「大旺號」、「金春十二號」來看，這兩艘漁船上的外籍漁工均遭薪資剋扣、工時過長、身分證件遭扣留，經農委會漁業署以涉犯人口販運移送地檢署偵辦，但是「大旺號」漁工被鑑別是人口販運被害人，「金春十二號」漁工則僅視為勞資糾紛，「不是」人口販運被害人。由於外籍漁工處於弱勢地位，常因此遭到勞力剝削，被害人在相關機關救援之初，多不會立即表明遭受剝削，甚至被剝削時，還表達願意加班、不休假，欲以極短時間以獲取更多的收入，以改善生活。因此，處理該類案件時，應探求外籍漁工之真意。

農委會漁業署派駐國外港口（模里西斯、南非、馬紹爾群島、斐濟、美屬薩摩亞、帛琉）的漁業專員共六名。一般駐外漁業專員僅一人，於接獲舉報、申訴等相關訊息時進行訪查，平時則以抽查方式對外籍漁工以問卷進行訪查，以瞭解經營者及仲介是否確實遵守管理辦法之相關規定。加以農委會漁業署並非人口販運罪之責任通報人員，僅被動接受人口販運案件之舉報，始移送檢調處理。顯示農委會對外籍漁工之勞動檢查人力不足，對人口販運案件之敏感度也有所不足。

我國漁獲被列入強迫勞動貨品清單，涉及外籍漁工人權議題，事關國家聲譽，並非農委會漁業署單一機關所能處理，行政院應重新檢討現行跨機關溝通聯繫平台，妥善處置。遠洋漁船作業屬高度國際化的工作，受全球供應鏈的影響，有必要對我國從事遠洋漁業的相關人員，包含：船主、幹部、船員等，加強人權教育，俾利與時俱進。

「大旺號」權宜船因涉及強迫勞動，二〇二〇年八月十八日遭美國海關與邊境保護局（CBP）下令禁止其漁獲進入美國市場，國內水產業者為了因應其供應鏈責任，主動推動企業責任及辦理改善計畫，農委會漁業署也應擴大辦理輔導業界參與漁業改進計畫或相關認證制度，強化企業社會責任，解決漁工強迫勞動或人口販運問題。再者，無論我國籍漁船或權宜漁船均有可能涉犯人口販運罪嫌，為落實管理法治，行政院應深化夥伴關係及國際合作，共同打擊強迫勞動。

美國、加拿大及墨西哥已明文禁止強迫勞動生產之商品進口，我國並未有類似的規定或措施，相關機關應評估研議，是否有必要訂定禁止童工或強迫勞動生產之貨品輸入的規定。

宜蘭南方澳漁港

場景五

臺灣南方澳：漁工船居生活環境

監察院一〇九財調〇〇一九調查報告：境內聘僱之外籍漁工權益案

二〇一九年十月一日早上九點半，宜蘭南方澳跨港大橋突然坍塌，斷裂的橋體砸中正在排隊準備進行油料補給的三艘漁船，造成六名印尼籍及菲律賓籍漁工死亡、九名外籍漁工輕重傷，引起臺灣社會對漁工處境的重視。這十五名死傷的漁工均是與本國勞工適用相同勞動法令規定的境內聘僱外籍漁工。

境內聘僱的漁工在境內可自由活動，法律並未對其入境後的行動自由加以限制；境外聘僱的漁工在入境等候期間，如要上岸活動，雇主需事前檢附安置計畫書送交地方主管機關備查；[21]另有中國籍漁工，隨漁船入境後可以上岸活動，但活動範圍僅限於入境漁港岸置所區域。[22]

雖然並未強制境內聘僱的漁工在漁船靠岸時不能居住於船上，勞動部於二〇一八年亦將外籍漁工納入生活照顧服務計畫書裁量基準適用對象，但是船上居住的標準要求相對簡單，部分漁船提供的居住環境，縱經主管機關檢查合格或限期改善完成，仍被外界認為是

漁工的船居環境

不合宜的惡劣居住環境，突顯外籍漁工的住宿與安全問題，漁工沒有辦法在陸地上有一個安全的居所，工作與生活都在狹小的船上。居住權與生存權無法受到保障。

21 〈境外僱用非我國籍船員許可及管理辦法〉第二十七條規定：「（第一項）非我國籍船員在我國停留期間，經營者採岸上安置非我國籍船員者，應於漁船進港時或非我國籍船員搭乘航空器入境前，檢附安置計畫書，送漁船進港所在之直轄市、縣（市）政府備查。（第二項）前項安置計畫書應載明安置場所、預定期間及船員名冊。」

22 〈臺灣地區漁船船主境外僱用及接駁暫置大陸地區漁船船員許可及管理辦法〉第四十七條規定：「載有大陸船員之漁船進入境內水域後，應直接進入設有暫置場所之漁港，並將大陸船員暫置於岸置處所或於暫置區域原僱用漁船安置。」第四十八條規定：「大陸船員暫置於岸置處期間，不得擅離暫置場所。」

大溪漁港岸置中心

監察委員調查發現，近七成外籍漁工受僱於未滿五十噸的漁船或動力舢舨（CT3以下），因噸數較小，無法普遍配備盥洗室，大部分以船為家的外籍漁工只能在甲板上淋浴，或在漁港路邊或公廁克難沖澡，冬天氣溫較低時甚至沒有熱水。漁業署二〇一八年曾補助宜蘭蘇澳區漁會設置盥洗設施，以發放免費洗澡卡為管控，但因設置地點距離漁船停靠港口遠、外籍漁工及漁船船主不知道有該服務，及誤以為洗澡要額外付費等，使用率偏低，申請洗澡卡的漁船數量尚不及所有漁船數一成。漁業署與宜蘭縣政府應加強宣導友善外籍漁工措施或設施，於設置地點及補助成效考核時，參考漁工、船主的意見。[23]

境內聘僱之外籍漁工是勞工保險（下稱勞保）及全民健康保險（下稱健

大溪漁港岸置中心的居住環境

大溪漁港岸置中心的淋浴設備沒有隔間

保）強制納保對象，雇主應依規定為其納保，以保障其發生事故時享有各項給付保障，及與國人相同之就醫權利。截至二〇一九年十二月底，受僱外籍漁工之實際投保情形，健保方面已可完全掌握未在保名單，經通知、輔導仍未加保者一律逕予加保，外籍漁工均能享有健保權益；而勞保的實際投保率卻僅五成，違反勞保條例的規定，也抵觸《經濟社會文化權利公約》第九條，人人有權享有社會保障的規範。

調查報告指出，勞動部近三年對海洋漁撈業實施勞動檢查一百二十九場次，平均一年僅檢查四十三場，對於漁船勞動檢查密度偏低，其中逾八成查無

23 監察院新聞稿，〈外籍漁工為勞工保險強制納保對象，卻有半數外籍漁工未納保，勞動部未積極尋求解決，監察院提出糾正〉，二〇二〇年四月八日。

違法情節之結果，難以反應外籍漁工目前工作環境和勞動條件現況。雖然海上作業特殊性會限制對漁船之檢查，漁業署仍應與勞動部共謀更有效率之檢查或輔導方式。

此外，因南方澳大橋斷橋事件，傳出宜蘭縣漁工職業工會遭到打壓，顯示主管機關在輔導移工籌組工會及協助工會發展方面欠缺配套，未考慮移工語言、文字的隔閡，往返公文書及相關法令規定缺乏譯文，都讓移工在原本弱勢的處境下，難以藉由團結權爭取對等的權利。

場景六

臺灣宜蘭：黑心仲介

監察院一一〇財調〇〇〇八調查報告：
外籍漁工聘僱仲介的制度與管理案

宜蘭縣外籍漁工仲介業者黃姓男子，涉嫌利用外籍漁工不諳法令的弱勢處境，為擴充黑市人力，趁著為雇主辦理仲介業務的機會，將經辦合法外籍漁工申報為失聯，將其轉換至水產行剝削控制；或是冒以雇主名義訛報需求人力，再將虛增之入境漁工，違法轉換給其他雇主進一步勞力剝削，或轉入其他漁船作業從中牟利，讓不明就裡的外籍漁工被轉為黑市的違法勞動人力。本案突顯勞動部現行審查及管理機制失靈，且地方政府將本案疑似人口販運被害漁工的申訴，以勞資爭議處理。經臺灣宜蘭地方檢察署於二〇二〇年八月四日進行搜索偵辦，並以涉犯《人口販運防制法》罪嫌，向法院申請羈押黃男獲准。

由於我國將外籍漁工分為「境內聘僱」與「境外聘僱」兩套制度，也因此，我國仲介機構從事仲介境內漁工及境外漁工的許可與管理，分由勞動部及農委會所主管，兩機關並分別依〈私立就業服務機構許可及管理辦法〉及〈境外僱用非我國籍船員許可及管理辦法〉辦理。勞動部核發仲介機構的許可範圍，並未限制引進移工的業別。農委會核准有案的仲介機構，除接受我國籍遠洋漁船委託外，也為權宜船及外國籍漁船，辦理境外漁工聘僱事宜。

監察委員調查發現，勞動部主管的私立就業服務機構，近幾年實際有引進境內漁工的仲介機構家數約介於七十二至一百一十一家之間。漁工失聯情形相較於其他產業移工嚴重許多，據勞動部統計，二〇一五年至二〇二〇年境內漁工失聯發生率（百分之五點三二～百分之十三點九六）高於一般外籍移工（百分之二點七三～百分之四點〇二）約二至三倍，並且失聯漁工有集中在部分仲介機構的現象。本案黃男涉及的二十五艘漁船船主曾通報境內漁工失聯共一百一十六人，截至二〇二〇年十二月底，境內聘僱漁工之人數總計為一萬一千三百四十三人，滯臺行蹤不明之境內漁工卻高達兩千一百人，並以印尼籍的一千四百一十六人為最多。

調查報告指出，勞動部對這類機構並未能加強監督力道，且為了訪查方便，二〇一九年執行的專案訪查僅限於製造業及家庭類移工，顯然未能重視外籍漁工權益。

農委會於二〇一七年一月二十日訂定發布〈境外僱用非我國籍船員許可及管理辦法〉，在此之前自然人可擔任仲介，不利管理；新訂辦法強化管理機制，排除以自然人身分從事仲介，仲介機構資格限於漁會、漁業公會、漁業團體或我國公司，目前核准五十六家仲介機構。另仲介機構負責人或代表人曾犯人口販運罪，經有罪判決確定者，不予核准為仲介機構。二〇一七年至二〇二〇年每年仲介機構家數維持在五十六家上下，以公司為最大宗，無漁會及漁業公會，漁業團體則有二家，仲介機構多分布於高雄市及屏東縣。

二〇二〇年境外聘僱漁工之人數為一萬九千六百四十二人，二〇一一年至二〇二〇年每年境外漁工發生行蹤不明之人數介於三百九十九人至八百二十二人。漁船船東應填具外籍漁工僱用或異動名冊，報請漁會或公會登錄後備查，但並未規範仲介機構，又因常有第三國港口接人、透過當地仲介而非本國仲介增補漁工人力，或是由運搬船接送漁工等情形，且採事後報備制，外籍漁工在國外港口受僱上船後三十日內申請，申請時應檢附漁工出港名冊影本，用以核對申請僱用之漁工是否在該艘出港漁船的名冊上，船員名冊常會與原本登錄資料不符。

根據調查報告指出，農委會主管的境外聘僱仲介，每年辦理評鑑後卻未能依照成績持續對仲介定期訪察，且境外漁工失聯人數集中在少數仲介機構，船東未如實申報的情況也漸趨嚴重，使得這些境外漁工如同海上的「幽靈」勞動力，但農委會卻未有加強訪查及管理機制，對於仲介如何在來源國招聘漁工，也欠缺拘束性規範與標準，除每年一次的評鑑外，只

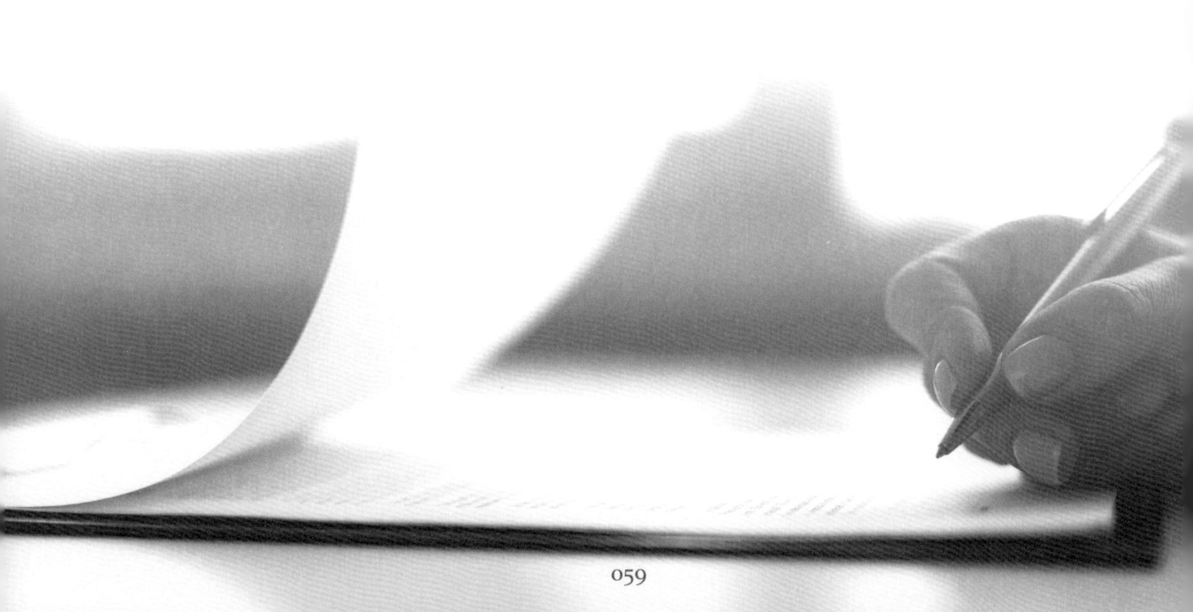

仰賴申訴或檢舉，才會進一步查察仲介機構，不過每年仲介遭查獲違規案件卻寥寥可數，二〇一七年至二〇二〇年六月共計六件。

監察委員也發現，農委會核准的我國仲介機構，為外國籍漁船居中辦理境外漁工聘僱事宜，與境外漁工所簽訂的勞動契約內容不合理，例如：每日平均工時十二至十四小時，甚至可能會達十八至二十小時，生病時可能只休息很短的時間，可能會有不發零用金或金額未結清的情形。二名曾由我國仲介機構居間到權宜船上工作的印尼籍漁工指出，每月薪資為三百美元及四百美元，每日平均工作十六至十八時，印尼仲介還會拖欠薪資。

我國政府對於權宜船及外國籍漁船，雖無管轄權，但我國仲介機構為這類漁船仲介的境外漁工遭剝削、虐待等強迫勞動情事，迭遭國際人權組織指責，嚴重影響我國漁業形象；因此，監察委員要求農委會必須積極補救，並就目前薪資是透過仲介轉發給境外漁工所衍生代墊與剋扣的問題，研議可行解決方案，以保障外籍漁工權益。[24]

漁業供應鏈中的利害關係人

從六個調查報告中，我們可以發現外籍漁工的人權議題涉及的利害關係人非常多元，相關的行動者可能包括：政府機關、漁船主（船東、漁船經營者）、漁業團體（漁業公會、漁會等）、本國籍漁船船員幹部（船長、輪機長、漁撈長、冷凍長）、外國籍漁工、我國及來源國仲介、中華民國對外漁業合作發展協會（漁業觀察員）、工會、國內外民間團體、水產貿易商及其供應鏈等。

遠洋漁船的建造與經營通常需仰賴較高的技術與成本，[25]加上需要國際漁產品銷售鏈以進行魚貨貿易，遠洋漁業市場多由大型零售商與貿易商主導。漁業在成本導向的商業模式之下，由於整個產業供應鏈由上往下施壓以降低成本，漁船經營者用比市場還低的價格去出售他的漁獲，然而在固定成本（例如燃油、設備、維修）無法下修的情況下，業者最終只好朝壓低勞動成本下手，造就了漁撈工作高風險卻低薪的特性，降低國人從事漁撈工

24 監察院新聞稿，〈勞動部對於境內聘僱外籍漁工的審查及管理機制失靈，使得來臺合法工作的外籍漁工遭到一名仲介轉為黑市的違法勞動人力，事後也未能積極補救漏洞，監察院糾正勞動部〉，二〇二一年五月十一日。

25 例如逐魚群作業的圍網漁法是技術密集的高科技漁法，船隻造價不菲，動輒千萬美金，通常配有水下聲納、海鳥雷達、衛星及無線電浮標、即時衛星遙測資訊系統，船上還會配置直升機尋覓魚蹤，輔助漁撈長監控魚群即時動態，以確保捕獲率。千噸的船一出港就是一年，油料費用就高達七八百萬。參見中華民國對外漁業合作發展協會，《踏浪千行》，遠見出版，二〇一六，頁一〇一。

作的意願，使外籍漁工成為我國漁業勞動力的主要來源。

學者劉黃麗娟與嚴國維的研究中，認為遠洋漁業是「買方導向的漁產供應鏈」，處於掠奪性的商業模式下，以鮪魚為例，中西太平洋漁區掌控鮪魚市場的三大貿易商為：臺資的豐群（FCF）、新加坡的Tri Marine以及日本的Itochu（伊藤忠商事株式會社）；當國際大零售商大打價格戰，製罐商只得向漁產供應商施壓，而漁產供應商只好向鮪魚漁船施壓，如此的壓力循環，末端的壓力承受者就是缺乏議價能力的漁民。在供應鏈層層壓迫下，生產者藉由先進漁撈科技，向海洋進行掠奪性的捕撈，在利益相關者層層風險轉嫁以取得最大利益的共識下，使海洋承擔人類「各盡所能與各取所需」的資源浩劫，而勞動剝削則成為遠洋漁業勞動體制的日常。[26]

環境正義基金會邱劭琪主任，在說明他們二〇二一年最新的臺灣遠洋漁業現況調查報告時提到：「在漁業的環境與人權問題面向上，不只是臺灣，全世界一直都有非永續、過度捕撈的行為，長期下來，造成全世界的漁業資源及漁獲量都大量地減少，在漁船不斷增加的狀況下，就會讓每一艘漁船的漁撈作業成本增加，因為漁船可能要航行得更遠、用更多的油料與更多的人力，企圖去達到跟之前一樣的獲益。漁業資源不斷地減少，再加上世界各國規範越來越嚴格、入漁費用以及油料費用的提升等因素，漁船經營者能夠降低成本的地方已經不多，所以很多漁船會用他最能夠掌握的成本也就是勞動成本，去減少他的營運成本，也就因此會出現強迫勞動或是人口販運的狀況。整個產業不斷向下競爭的結果，造成惡性循環，使這些漁船必須要繼續用過度捕撈或非法捕撈的方式去爭取利益。」這也是為何IUU漁業行為常會與強迫勞動掛勾的原因。

所有的一切都有成本，跟著金錢的軌跡或許可以一窺，被這個產業鏈綑綁在一起的各個行動者，為什麼他們會做出這樣或那樣的選擇。

仲介與漁工

臺灣遠洋漁船上的漁工大都是來自境外聘僱的管道，過去對仲介管理鬆散，經常有非法經營的黑戶，福賜群號船長的父親就是招募印尼漁工SUPRIYANTO的臺灣仲介，而他的印尼仲介也不在當地政府部門核可名單上。當地仲介讓教育程度不高的漁工簽下不平等契約，用假的船員證件上船。再利用押金制度防止漁工任意離船，上船兩年要支付高達新臺

26 劉黃麗娟、嚴國維，〈遠洋漁業勞動體制初探：一個建構在利益極大化、共識與風險轉嫁的工業性漁撈模式〉，《勞資關係論叢》二一卷二期，二〇一九，頁八〇－八一。

幣三萬元的押金，唯有撐到期滿才能領回。因此漁工不能反抗船長，否則被遣送回去，不但沒賺到錢還可能負債。合約上另外規定了處罰條款，如果做錯事、偷懶、逃跑等，可能會連累家人要支付印尼仲介罰款，而印尼仲介吃定臺灣「是個不存在的國家」，一旦出事就可以迴避外交程序。[27] 為了提供遠洋漁船便宜的勞動力來源，兩地仲介聯手打造了一個讓漁工必須賭命在漁船上工作的聘僱制度。

船長

一般船公司會直接找船長，船長依自己的需求或人脈找到配合的幹部，通常有自己的班底的話，新進船員比較好教。以鮪延繩釣漁船為例，主要的作業方式就是投繩（下鉤）和揚繩（起鉤或上鉤）。投繩作業通常一組人作業約需七至八人，連續投繩五、六小時完成。下鉤後約二個小時左右就是揚繩作業，揚繩需要較多人力，甲板上有一批人負責殺魚，洗乾淨後交由冷凍長急速冷凍。漁船上的工作非常忙碌又耗費體力，工時又長，日以繼夜再夜以繼日，二十四小時幾乎都有人輪流工作，魚上鉤得越多，甲板整理魚獲就越忙。負責下鉤作業的人，結束後可以休息二個小時，起床吃飽後就要開始甲板上的工作，直到做完。下鉤作業六小時加上起鉤要十五個小時，就要二十一個小時，漁工們只有在水路航行以及轉換漁場的時候，才能夠有較長的休息時間。[28] 遠洋漁船上的工作是勞力密集的，以前海洋資源豐富，魚很容易抓，常常會連續作業二個月沒有休息。

早期船公司為了激勵船長努力抓魚，會給額外的分紅，根據漁獲賣出的價錢會有一定比例的抽成，幹部也會有一些分紅。日籍或中國籍船長基本上不參與分紅，只領固定薪水。船長的工作是責任制，有捕撈作業的需要及提升漁獲量的壓力，「船長拚名聲，船員拚性命」，船長為了自己的工作與名聲，會轉嫁壓力、逼迫更基層的船員、漁工配合。現在因為全球性的海洋資源缺乏，捕撈作業不再是單純的投繩、揚繩作業就能有漁獲，為了增加漁獲量，漁船只能透過增加漁獲努力來增加生產，也讓漁船船員工作量大增，休息時間更少。漁獲量的多寡、漁獲種類的經濟價值，直接影響到船長的經濟收入。[29]

27 報導者，李雪莉、林佑恩、蔣宜婷、鄭涵文，《血淚漁場：跨國直擊臺灣遠洋漁業真相》，行人文化實驗出版，二〇一七，頁二九－三〇。

28 林苑愉，《臺灣遠洋漁業的勞動體制：鮪延繩釣船長討海經驗分析》，國立屏東教育大學社會發展學系碩士論文，頁八一－八九，二〇一三。

29 同前註28，林苑愉，頁九七－一一九，二〇一三。

一般小型延繩釣漁船每年出海天數平均不到兩百天，船東通常認為不出海的時間就等於是漁工的休假，遠多於勞基法中規定的休假天數。漁撈生產者受限於季節、漁法、現場的天候與漁區環境，必須於極有限的時間內，極盡最大漁撈產量，讓該航次的生產活動達到滿載，這是他們求生存的本能。這種面對時間極其有限且生產極大化的壓力，也形成管理者習慣用語言責罵甚至肢體動作，遊走在強迫勞動的灰色地帶，要求漁工有效完成每一項命令與行動。[30]

許多船長身兼漁船經營者，頂著幾百萬貸款，準備與大海一搏。死亡的印尼籍漁工SUPRIYANTO所工作的福賜群號漁船，是一艘長度不到二十四米、一百噸以下的小釣船。這樣類型的小釣船臺灣有一千多艘，數量遠高過日本、韓國與歐洲船隊。福賜群號就是船長一家貸款幾百萬買來，背負著沉重的滿載壓力，船開出去就一定要賺夠錢。[31]在這樣高壓的工作環境下，一個從未出海也從未受過海上作業訓練的漁工SUPRIYANTO，顯然無法適應。

漁船經營者

我國在一九九〇年因應國際責任制漁業興起及為保護漁業資源，限制國籍漁船新建造須汰換同噸級舊船，藉以管制我國漁撈能力。在漁船汰建制度下，漁船經營者於是發展出權宜國籍漁船的經營模式，權宜船主要來源有二：購買日本淘汰的中古漁船並轉籍到其他國家，以及在臺灣新建造的漁船輸出。業者為了漁撈作業的機會，入籍到沿海國或是到管理較鬆散的國家設籍，以取得漁獲配額資源。到一九九九年達到最嚴重，當時臺日政府之間達成協議，由日本負責出資收購他們輸出之中古船，我國則提供管道讓在我國新建造輸出的權宜船輸入回籍，納入我國管理，另有部分新船透過日本釋出漁業執照，在太平洋的船就安排轉設籍於萬那杜、在印度洋就轉設籍塞席爾。[32]

公海自由的時代早已遠去，所謂公海捕魚自由，必須要在相關沿海國以及區域性漁業管理組織的同意之下。鮪魚公會林涵宇組長坦言，現今遠洋漁業的經營面臨很大的挑戰，除了臺灣國際地位的問題之外，還有來自船旗國的管理、漁工來源國的管理、港口國、市場國的管理，以及區域性管理組織的規定與非政府組織的建議：「過去遠洋漁業我們都覺得他是高風險、高報酬，現在是高風險、低報酬的產業，因為漁船的作業成本越來越高，在區域性管理組織的規定之下，許多魚種都有配額，所以盈餘是有限的，但是虧本無上限，也因為受到單一市場的影響，……捕撈的漁獲越多並不代表賺得多。」漁船經營者會希望他的船儘早把配額的量捕好捕滿之後，提早進港，以減少滯留在海上的油料及維修等費用。

30 同前註26，劉黃麗娟、嚴國維，頁八一，二〇一九。
31 同前註27，報導者，李雪莉、林佑恩、蔣宜婷、鄭涵文，二〇一七，頁二四－二六。
32 張致盛署長，〈臺灣遠洋漁船外籍船員權益保障精進政策——以權宜船與仲介為例〉，國家人權委員會《「二〇二一酷刑防制國際運作暨漁工人權專業論壇」會議手冊》，頁一〇一。

水產供應鏈

權宜漁船「大旺號」因涉及強迫勞動，遭美國海關與邊境保護局（CBP）於二〇二〇年八月十八日發出暫停通關令（WRO），禁止其漁獲進入美國市場。由於大旺號曾供貨予豐群水產公司，監察委員實際至豐群公司與經營者交換意見，李文宏董事長表示「大旺號」漁船被美國列入強迫勞動漁獲後，就先暫停供貨，「大旺號」漁船近期已參與豐群公司的企業責任計畫，屬於高風險的漁船或船隊需要辦理百分之百稽核，其他漁船是抽樣稽核。

豐群公司也指出系統性的問題：船東、漁船經營者無法提供相對應的文件或程序來證明是否符合相關社會責任標準。漁工來源國的勞務仲介公司未受到臺灣法律的約束，若外國仲介違反外籍漁工管理辦法，漁船經營業者無法強制要求改善；而且，外籍漁工聘僱流程需要

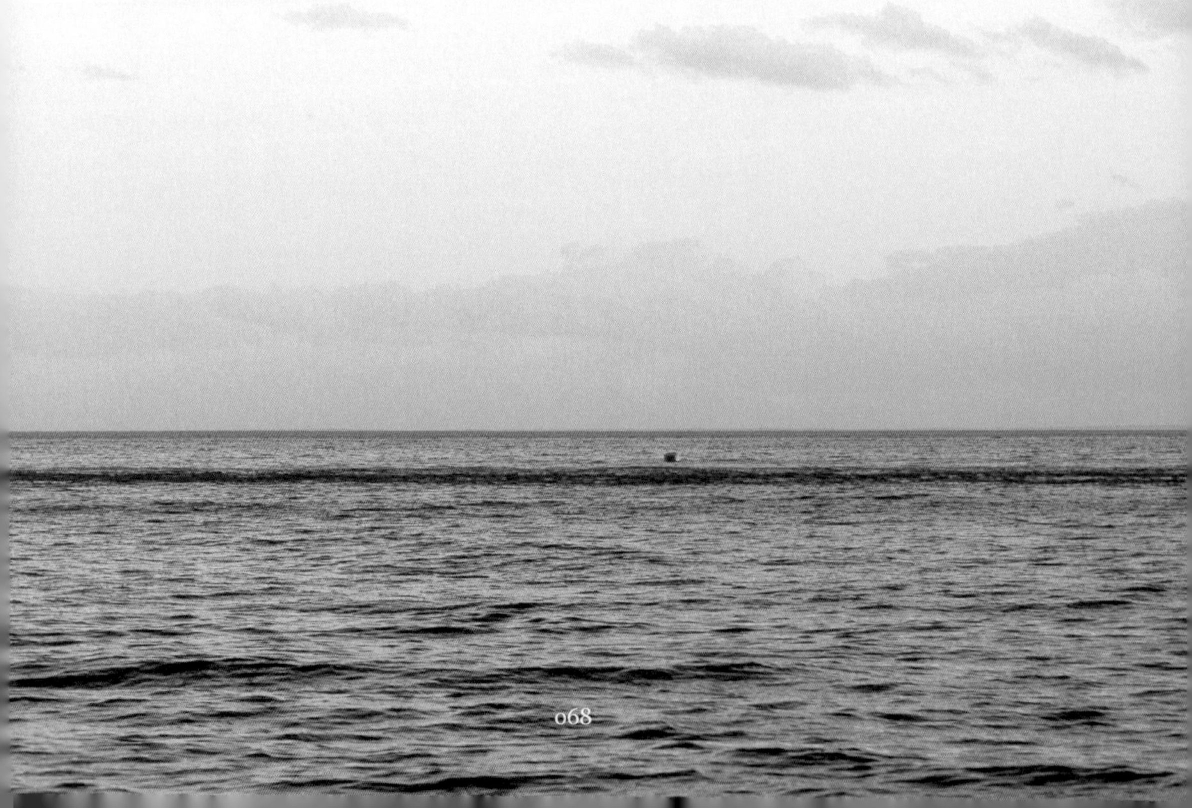

當地仲介公司配合，建立相對應的系統（如外籍漁工培訓、定期付款、透明收費等）。[33]因此，擁有漁獲產品供應鏈的各公司，包括經銷商、批發商、製造商、包裝公司、貿易商、零售商、飲食機構和餐廳等，如何確保其產品符合社會責任標準，將會是臺灣漁業面臨的重大挑戰。

33 監察院一一〇財調〇〇〇七調查報告（我國遠洋漁船漁獲遭美國列入強迫勞動貨品清單案），頁二三二－二三四。

參 聚焦

一望無際的大海，對於許多人來說是象徵自由和無限的所在。然而，海洋作為生產過程中的勞動環境，使得漁工長期處於孤立隔絕的狀態，他們在潮濕的船艙及惡劣的氣候下提供勞務，形成漁撈作業有別於陸上勞動的特殊條件。

根據前述監察院的六個調查案可以發現，遠洋漁船的外籍漁工，長期處於高危險的惡劣工作環境，只要漁船出海一趟，惡劣的工作環境，令人難以想像，包括：每月薪資可能拿不到最低四百五十美元的底線、沒有舒適的休息空間、喝不到乾淨的水、伙食醫療差、無洗澡空間；加上長時間大量的勞動，讓他們成為最底層的血汗勞力。這些人不適用我國法令，他們的勞動條件差、健康醫療及社會保障不足，超時工作已成常態，部分外籍漁工遭到嚴重剝削與涉及人口販運虐待情事，時有所聞。[34]

遠洋漁船靠岸後，漁工起居生活仍然待在船上，白天大都只有負責修繕船上設備的臺籍技工以及船公司現場人員會在船上監督大小雜事。由於船上空間有限，除了必須的車間、油艙、水櫃、駕駛艙等等，空間規劃的首要考量是極大化冷凍艙，因而船員寢室、澡間、廚房等生活起居空間相對擁擠。夏天時寢室環境悶熱，甲板上成為漁工睡覺的首選地點。通常漁船一年才靠港兩次總共約四十幾天，因為各種原因漁船靠岸的時間長短不一，靠港期間，卸完漁獲之後，船上的主副機就會停止運轉，到了晚上船上通常沒水沒電，白天才靠吊上甲板的發電機供電給技師修繕之用。洗澡對漁工來說是一件相當不便的事，黃昏時刻，漁港設置的淋浴間常大排長龍，而船上不給接電的理由是怕漁工烹煮食物造成跳電等，這些都是港邊船上的生活日常。[35] 離鄉背井的外籍漁工，即使短暫的靠岸，仍然是在岸上流離。

34 紀惠容委員致詞稿，國家人權委員會《「二〇二二酷刑防制國際運作暨漁工人權專業論壇」會議手冊》，頁一一二－一一三。

35 李阿明，《這裡沒有神：漁工、爸爸桑和那些女人》，時報出版，二〇一八，頁八〇－八三、一〇〇－一〇一、一二八－一三三。

問題歸納

我們根據六個調查報告中提及的各個面向，綜整出可能涉及的各種問題，經過初步歸納後，將問題聚焦為以下八大面向：

（一）法令適用疑義與主管機關權責歸屬

現行法令對於漁船船員之勞動權益，係採分流管理。境內僱用者，適用《勞動基準法》；主管機關勞動部認為《勞動基準法》係國內法，勞工須於我國境內成立僱傭關係，且受僱於適用《勞動基準法》之事業單位，始有該法之適用。遠洋漁船至境外他國當地僱用，並於境外作業、境外解僱，結束作業後直接送返當地國之外籍船員，非屬《勞動基準法》之適用對象。

境外僱用者，依《遠洋漁業條例》第二十六條訂定〈境外僱用非我國籍船員許可及管理辦法〉，對於境外聘僱外籍船員權益事項、契約內容、每月工資、休息時數保障等予以規範及進行行政監督管理，相關權益保障機制，屬於目的事業主管機關農委會之權責。

我國現行制度下，境內聘僱之漁工主管機關為勞動部；境外聘僱之外籍漁工，主管機關為農委會漁業署。民間團體對上述境內、境外聘僱漁工權責機關不同的制度設計，迭有

2018年8月10日，監察委員王美玉、王幼玲至基隆港履勘鰲興號漁船，瞭解船上漁工的生活情形。

意見，多年來訴求廢除境外聘僱制度，將勞基法適用所有外籍漁工，由勞動部管理。若要廢除境外聘僱制度，事涉境外管轄權責劃分，有何困難的癥結點，境外僱用的漁工究應如何強化其權益保障法制？適用勞基法的可行性？雙軌制下，如何縮短勞動條件之差距？

（二）漁工勞動權益保障

我國境內受僱於漁業事業單位之勞工，適用我國相關勞動法令之保障；但是，境外聘僱之漁工卻因法令適用之不同，導致勞動條件產生差別待遇的情形，最低工資水準方面的差距尤為顯著。

針對漁工的勞動條件，國內外各界關注的議題主要有超時工作、工時過長、薪資未足額給付、船居生活條件待改善、船上飲水與食物供應不足，還有長期未靠港於海上停留的時間過長等議題，如何有效提升漁工之勞動條件？

境外聘僱漁工被剋扣薪資與保證金的情形非常普遍，〈境外僱用非我國籍船員許可及管理辦法〉已明定工資以全額直接給付給漁工為原則，如何避免外籍漁工薪資被任意剋扣，達到完全給付？漁工如何確認薪資是否入帳？境外漁工之雇主如何全額直接給付薪資？雇主是否可委託國內仲介公司撥付薪資？由國內仲介代墊薪資之權利義務關係為何？如何釐清雇主與仲介的責任？

團結權方面，漁工加入或組織工會實務上有困難，尤其目前《工會法》限制職業工會以縣市為組織範圍，須船籍登記在該縣市之漁工才能發起籌組職業工會，勞動部在輔導移工籌組工會及協助工會發展方面欠缺配套，未考慮移工語言、文字的隔閡，且境外僱用外籍漁工實務上進港時間短，都限制了漁工行使團結權。

境內僱用外籍漁工為勞工保險條例規定之強制投保對象，漁工投保勞保的比率卻偏低。調查報告指出，漁船船主不願為漁工加保的原因是：「成立投保單位為外籍漁工加保，勞保費負擔過重」、「海上作業要辦理加退保作業有困難」、「小規模漁船船主非漁船公司有公司行號或組織」、「已有商業保險」等。如何有效提升漁工投保勞保比率？

國際勞工組織第一八八號《二〇〇七年漁業工作公約》（ILO-C188），目的在確保漁業工作人員良好的工作和生活環境，因此對於在海上和岸上有關漁船工作職業安全、健康和醫療照顧、休息時間、書面工作合約、和其他類別勞工享有同等的社會安全保障等皆有所規範。ILO-C188公約國內法化之進度？目前我國針對外籍漁工勞動條件之相關規範中，落實ILO-C188公約之情形如何？

（三）勤前教育

國際海事組織（IMO）基於海事安全，對於漁船船員制定《漁船船員訓練、發證和當值標準國際公約》，該公約目的在確保漁船船員執行職務時的適任能力（Competency），因應國際公約的要求，我國船員上漁船工作之前，均須經漁船船員基本安全訓練合格。

由於外籍漁工應接受基本安全訓練及發證係屬來源國責任，漁業署並未要求外籍漁工應持有基本安全訓練之證明文件，因牽涉對方國意願，需與來源國進行協商，我方亦需投入大量人力及經費，協商時需由政府相關部會，如外交部、勞動部及農委會等及漁船業者共同合作努力。

基於確保海上漁船安全的考量，是否應強制規定外籍漁工於受僱我國漁船前，須審查其具備基本安全訓練合格要件？是否要求受僱漁工應持有合格的海上基本安全訓練證書，才能上船工作？如何透過勞動部與相關國家雙邊勞工會議機制，將「境外僱用外籍船員受僱上船工作前應完成基本安全訓練」納入協商議題？

（四）人力問題

農委會查察人力不足，也欠缺勞動檢查能力，以致訪查涵蓋率低，農委會執行的國內外港口檢查與境外漁工訪查，僅聘有十名國內訪查員、六名派駐國外漁業專員。派駐國外港口之漁業專員多為一人，但開普敦因我國遠洋漁船進港數量較多，除漁業專員外多一名當地計畫人員協助，主要辦理漁獲物轉載及卸魚檢查、漁政宣導、開立漁獲證明、收回漁業證照處分執行、協助漁船處理人道救援等緊急事故及與其他當地漁業組織或漁政官員協商溝通等相關事宜，受人力之客觀條件限制，視情況適時辦理訪談外籍漁工及回收外籍漁工填寫之問卷，若要兼顧出海登船檢查、處理緊急事故等，多有困難，更難從中發現仲介機構涉嫌違規事件。

通譯人力方面，欠缺多國語言通譯，外館或辦事處通譯資源不足，且與業務需求單位有認知落差，訪談或問卷使用翻譯軟體，也未能完全翻譯各國方言。加上訪員訓練不足，實務操作時遇狀況反應不及，調查工作流於應付，進行問卷調查未落實間隔訪談。

農委會表示國內港口持續以專案計畫，增加對我國籍遠洋漁船外籍船員訪查次數，查核遠洋漁船之幹部與船主是否遵守漁業相關法規及涉嫌人口販運情事；國外港口持續透過外交部協洽港口國同意，增加派駐專員。目前訪查船數占遠洋漁船總數百分之十，訪查船員數占境外僱用外籍船員總數百分之二點五，如以查察的量能來看，訪查人力顯然不足，如何擴大訪查量能？

（五）權宜船管理

依照國際法，我國並非權宜船之船旗國，對於權宜漁船勞工聘僱、勞動條件等相關問題並無管轄權。近年來我國透過《投資經營非我國籍漁船管理條例》的投資經營許可來規範國人，積極解決權宜船被指責的勞力剝削問題，但《投資經營非我國籍漁船管理條例》及相關子法立法的初始目的，是為了掌握國人投資經營權宜船的情形，防止該等漁船從事IUU撈捕行為，另我國雖對進入我國港口漁船進行檢查，惟僅限於卸魚等漁業行為，不包括勞動條件。既然無法有效管理，可否研議禁止？若無法禁止，應如何加強管理？針對權宜船被指控強迫勞動，因欠缺法源依據以致無法執行行政檢查，如何建立適當法源依據，檢查進入我國港口之權宜船？

依國際公約規範，權宜船雖屬船籍國管轄，但若是發現有問題的話，可以蒐集相關證據移請船籍國處罰，我國十年來卻未曾移送任何一件。既然船籍國應該要負起相應的責任，為何十年來未能蒐集相關證據通知並請求船籍國處罰？

（六）仲介管理

在本國仲介管理與評鑑方面，勞動部及農委會漁業署對於仲介機構的管制差距極大，雖同為跨國人力仲介，然而境內、境外漁工之仲介機構管理，在設立許可、不予許可設立、停業、廢止許可、評鑑等規定均相當不同，規範差異的理由為何？如何拉近差距並強化仲介機構之管理？我國仲介機構受權宜船委託在境外聘僱外籍漁工的行為未受相關規範，如何納入仲介管理？

無論境內、境外聘僱之漁工失聯率均高於其他產業類別之移工，如何強化境內漁工仲介之管理，杜絕淪為黑市勞工？如何要求境外漁工核實申報，以納入監管，確實掌握船上人員？曾遭申訴之仲介機構有集中在少數幾家的現象，失聯移工也集中在少數幾家仲介，為何每年的評鑑機制未能找出黑心仲介達到獎優汰劣的目的？如何強化評鑑的公信力，有效監督仲介機構？

雖然外國仲介之管理屬於來源國管轄權，對於外國仲介，我國政府是否能有更積極的作為，例如明定合作之外國仲介公司資格條件？農委會是否考慮在相關法規中，要求我國投資經營漁船者以及我國仲介，不得與非法外國仲介合作、不得透過這些曾有《就業服務法》中禁止從事行為的外國仲介公司召募漁工？

（七）強迫勞動之人口販運

人口販運又可稱為「當代奴役」，特別是遠洋漁業中的外籍漁工因工作環境特殊，容易成為勞力剝削的受害者，遠洋漁船漁工的強迫勞動議題，有許多問題亟待改善，包括被害人身分鑑別程序不周全、扣薪及起居環境不良等。其中涉及到制度面的部分，例如勞動部與漁業署分工不明確，妨礙遠洋漁船檢查時程及效率，不利遠洋漁工強迫勞動之偵辦，對遠洋漁船上所發生的強迫勞動，調查能量不足，對權宜船則無法實施勞動檢查等。

依據《人口販運防制法》第五條[36]所規定的權責機關很多，分工複雜。監察院的調查報告也指出，在外籍漁工遭到勞力剝削的案件中，有的被鑑別為「強迫勞動」類型的人口販運，有的則被當作「勞資爭議」處理。應該如何訂定出明確的指標，讓第一線受理的行政人員、執法人員能夠迅速辨識出「強迫勞動」類型的人口販運案件，讓後續的司法偵查、安置保護等流程能夠順利進行？我國與國際間針對構成人口販運的勞力剝削或強迫勞動之定義不同，導致許多案件未受到適當處罰，如何建立適當鑑別指標？是否採用禁止強迫勞動公約的十一項指標判別？

過去強迫勞動類型之人口販運案件，起訴率及定罪率均偏低，且易被歸類為勞資爭議事件。如何改善人口販運防制執行人員探求被害人真實同意之技巧，釐清勞資爭議與強迫勞動的差異，提升對人口販運定義的認識？如何具體提升勞動檢查員、移工業務訪查員、諮詢服務人員及地方政府承辦人員對於人口販運案件之辨識能力？目前人權教育訓練辦理或規劃情形？在受理外籍漁工的申訴方面，除了1955專線之外，是否還有其他多元而及時的申訴管道，能讓外籍漁工便於申訴？

（八）船居生活照顧

在臺工作之外籍漁工多因無法負擔岸上的住宿費用，仍會選擇住在漁船上，部分船隻受限空間狹小簡陋，缺乏衛浴設備。勞動部主管「外國人生活照顧服務計畫書裁量基準之海洋漁撈工作（船上居住）管理事項」，已明確規範漁船上應配置符合《船舶法》及相關法令規定之救生及消防設備，然而船上居住的標準相對簡單，盥洗的衛生設備規範等是否如同岸上居住的宿舍標準？

二〇二一年中，臺灣疫情趨嚴，各地傳出查處事件，有外籍漁工於前鎮漁港露天盥洗，卻遭到民眾檢舉「未戴口罩恐造成高雄市防疫破口」，漁工在岸上的生活照顧及居住環境問題，再度引起社會注意。岸上設置的盥洗設施，數量、位置是否適當？管理方式是否能符合漁工勞動休憩的時間安排？如何落實並保護漁工尊嚴與隱私的基本人權？

---

36 《人口販運防制法》第五條：「本法所定事項，涉及中央各目的事業主管機關職掌者，由中央各目的事業主管機關辦理；其權責劃分如下：

一、法務主管機關：人口販運被害人鑑別法制事項、人口販運罪之偵查與起訴之規劃、推動及督導。

二、衛生主管機關：人口販運被害人指定傳染病篩檢、就醫診療、驗傷與採證、心理諮商與心理治療之規劃、推動及督導。

三、勞工主管機關：人口販運被害人就業服務、就業促進與保障、勞動權益與職場安全衛生等政策、法規與方案之擬訂、修正、持有工作簽證人口販運被害人之安置保護、工作許可核發之規劃、推動、督導及執行。

四、海岸巡防主管機關：人口販運案件之查緝與犯罪案件之移送、人口販運被害人之鑑別、人口販運被害人人身安全保護之規劃、推動、督導及執行。

五、大陸事務主管機關：人口販運案件涉及大陸地區、香港或澳門及其相關事項之協調、聯繫及督導。

六、外交主管機關：人口販運案件與人口販運防制涉外事件之協調、聯繫、國際情報交流共享、雙邊國家與非政府組織合作之規劃、推動及督導。

七、其他人口販運防制措施，由各相關目的事業主管機關依職權規劃辦理。」

蘇澳區漁會第三魚市場

海上勞動的特殊性

漁業工作常要看天吃飯，與大海拚搏，不同的魚種、漁法以及漁區環境，工時的安排與勞動情形的差異很大。遠洋漁船依其作業特性選擇於境內或境外卸魚及補給，因此遠洋漁船之船員調度完全配合漁船活動，藉以爭取最有利的時間，讓漁船可以完全投入生產，爭取利益極大化，例如：[37]

37 劉黃麗娟、嚴國維，〈遠洋漁業勞動體制初探：一個建構在利益極大化、共識與風險轉嫁的工業性漁撈模式〉，《勞資關係論叢》二一卷二期，二〇一九，頁七五。

- 大型美式圍網船在中西太平洋撈捕正鰹，與當地的沿岸國已有完整的產銷系統，故可長年於海外作業基地補給及卸魚，視需求才返回境內進行原造廠維修、保養。
- 魷釣兼營秋刀魚棒受網漁船，則是約莫上半年從本國漁港出發至西南大西洋南緯四十五度至四十七度附近之陸棚邊緣公海水域，以及北福克蘭群島周圍陸棚海域進行魷釣作業，至五月中下旬陸續返回高雄前鎮漁港。約至夏末，漁船會陸續前往北海道東部公海區域捕撈秋刀（少部分漁船會觀察當年秋刀魚價格，決定是否北上或改前往太平洋東側捕捉美洲大赤魷），年底前這些漁船同樣返回我國境內，故每年約在六月及十一月各進港一次，除了卸魚、整補，因捕撈物種的不同，也須調整船上設備。
- 鮪延繩釣漁船作業之習性及分類複雜，大多會就近選擇基地港進行整補。且為節省無作業航行之油料成本，鮪延繩釣船也善用運搬船轉載漁獲，進港不頻繁。

至於沿近海作業的漁船，漁業種類以及漁法更為多元，十多種的漁撈作業方式，例如拖網一天不會超過八小時，但也有些魚種漁法，從漁船出港航行到漁區需要一段時間，漁船會在海上停留較長的期間。究竟出港到漁區的航行時間如何計算工時、休漁期算不算休假等，都會讓工時的定義產生爭議。若漁汛期不來，漁船無法出港，漁工只能在岸上待命，工資就是漁船主的固定成本。

根據學者林良榮、王漢威等人的研究指出，[38]海上勞動有別於陸上勞動，最根本的差異就是勞動的場所，漁工是在封閉的船舶中工作，處於長期孤立的環境中，「海洋」作為勞動過程中的「交通路徑」與「勞動環境」，漁工不像一般勞動者在陸地上勞動，而是在移動於海洋的「船舶」中提供勞務；此種於船舶內的勞動有其空間上的特殊限制，不容易從陸地上獲得相關的物資與人力等協助，基本上，船上的一切勞動必須依賴漁工自身獨立完成。

其次，海上船難、疾病與職業災害的風險高於一般產業，漁船的重大職災發生率居高不下，因此相對於一般陸上勞動者，漁工的勞務給付過程經常處於生命、身心健康更易遭受威脅、破壞與損傷的情況。

而針對無技術或低技術之外籍漁工面臨職業安全衛生與暴力的高風險，學者劉黃麗娟、嚴國維依據漁工受訪資料指出：[39]船上常發生各種大小狀況的工作傷害，多數只能依賴船長或有處理工傷經驗的幹部支援。至於更嚴重的落海或失蹤，無論來源國和目的國的主管機關，均缺乏相關數據。境外僱用漁工的目的是為了盡快以最低成本補充外籍勞動力，但對於漁工是否具備漁撈專業與安全衛生意識卻尚未建立監督與檢查機制，更遑論是否具備足夠的職業安全衛生訓練。

第三，夜間勞動與不規則勞動。對海上勞動來說，船舶於高風險且無法受到資源補給的海洋上航行時，作業不可能完全停止，最起碼必須維持航行與警戒意外發生的機能，在船上人力有限的狀況下，幾乎免不了常態化的夜間勞動。此外，漁工的工作時間不確定性受到季節、天候狀況、捕捉目標等影響，即所謂的看天吃飯，不規則勞動在所難免。

第四，與家庭及社會脫離。長期待在海洋上，在相當長時間的海上移動過程中，對漁工來說船舶就是生活的場域，不得不與所屬之家庭、社會長期分離。船內生活與陸地上的文化、社會有所分離，且被海上各項生產活動所左右，使船上勞動者的人格自由無法從工作場域的桎梏中解放，形成一種「阻害人類性格發展」的現象，需要透過縮短乘船期間或是改善船員的福利設施等來緩和，這也是漁工人權團體主張漁船必須定期進港的重要理由。不過在海上勞動的本質之下，仍難根本解決此問題。

38 林良榮、王漢威，〈論我與日本漁船船員之僱用政策與法制建構——兼論外國籍漁船船員之勞動保護〉，《臺灣海洋法學報》第二四期，二〇一六，頁六－七。林良榮，〈論（商船）船員勞動之特殊性與權利保護——兼論二〇〇六年ILO海事勞動公約〉，《法學新論》第三一期，二〇一一年八月，頁六。

39 同前註37，劉黃麗娟、嚴國維，二〇一九，頁八四。

漁工在船上的生活環境不佳

尤其是遠洋漁船，只要一離開港口，如同一座座海上孤島，很容易與社會、與世界脫節。漁船是一個封閉狹小的空間，除了漁船船員或是漁業觀察員，很少有其他人會上船，一旦出海幾乎是與世隔絕。船上空間限制、資源不足，生活條件嚴苛，只有在進港上岸之後才能有一些休閒活動，然而遠洋漁船通常會長時間在海上工作，一年半載才進港一次，不像商船需要不斷轉換港口、每星期都可以進港[40]。

40 林苑愉，《臺灣遠洋漁業的勞動體制：鮪延繩釣船長討海經驗分析》，國立屏東教育大學社會發展學系碩士論文，二〇一三，頁八一、九四、一〇七－一〇八頁。

漁工聘僱制度的雙軌制

全球三十四個來自多個國家的民間團體，在二〇二〇年十一月世界漁業日前夕，共同提出一份「終結遠洋漁業強迫勞動」之聯合聲明，要求臺灣政府與產業界採取相關措施，改善強迫勞動的情形。二〇二一年三月二十四日「外籍漁工人權保障聯盟」再發出聯合新聞稿，呼籲漁業署加強改革力道，讓臺灣從「強迫勞動清單」中除名，並提出應該再加強的數個訴求。

被民間團體列為最優先的訴求，就是要求「廢除境外聘僱制度，將勞基法適用所有外籍漁工，由勞動部管理，外籍漁工與本國漁工享有同樣的權益與保障」。

前面已經提到法令適用分流的問題：境內聘僱的漁工適用《勞動基準法》，主管機關為勞動部，境外聘僱的外籍漁工則依《遠洋漁業條例》及其相關子法規定，主管機關為農委會漁業署，兩者之間具有極大的規範落差。有論者認為，勞基法是從《工廠法》而來，其規範屬性最早就是以陸上勞動型態為主，能否將陸上勞動的規範推及到海上勞動而不考慮其特殊性，不無疑問。而且國際勞工組織（ILO）第一號《一九一九年工業工時公約》，第一條開宗明義就提到「各國主管機關應劃明工業與商業、農業分別之界限」。因此國際上對於農漁業等第一級產業的勞動條件規範，本來就不同於工商業，ILO的國際勞動公約中，對於海上勞動的商船船員、漁船船員等，都訂有不同的公約，另行規範船員的勞動條件。

對人權團體來說，他們提出廢除境外聘僱制度，將勞基法適用於所有外籍漁工的訴求，其理由在於外籍漁工與本國漁工應該享有同樣的權益與保障。況且勞基法第三條所規定的適用行業別中，第一款即為「農、林、漁、牧業」，事實上，農林漁牧業的受僱勞工自從勞基法立法之初就已經納入適用範圍。此外，漁船屬於刑法第三條所指的船艦範圍，是我國領土的延伸，為國家浮動的領土，不問漁船停泊在何處，只要在漁船上犯罪，就可以依我國刑法來處罰。既然漁業勞工適用勞基法已經很久了，境內聘僱的外籍漁工也都適用勞基法，為何境外聘僱之漁工在本國的船舶上工作，卻無法適用本國的勞動法規？

對此，農委會回覆國家人權委員會表示：目前產業界認為遠洋漁業為高度國際化產業，面臨的是國際上的競爭，境外聘僱外籍船員之工作條件（如工時、工資）參考ILO第一八八號公約及國際機制。現行應先調整落實ILO第一八八號公約有關工作及生活條件之規範，逐步縮短與勞基法的差距。據農委會初步瞭解，漁業大國如日本沿近海及遠洋漁船之勞動工時、薪資給付等，依《船員法》規範，不過，日本的沿近海漁船有實習生制度、遠洋漁船有「丸船」（傭船派遣），因此部分外籍船員薪資與其國內船員有所差異。[41]

對於行政機關而言，勞基法本身是一個強行公法，公法直接適用在境外成立的勞動契約上，恐怕會產生主權於境外行使的問題，契約成立在境外的時候，更牽涉到《涉外民事法律適用法》以及選擇適用的問題。

在國外執行公權力，基本上當地國家是不會允許的，我國曾經跟三十多個國家有過合作備忘錄或協定，允許臺灣執行IUU漁獲檢查，但畢竟「檢查」是非常敏感的，所以會盡量迴避檢查的用語。在漁業的檢查上面或許敏感性沒有那麼高，但是在勞工的部分主權意涵更甚於漁業檢查，所以透過第三方是一個解決方案，漁業署推動的第三方檢查，主要目的就是為了補充政府執法能力的不足以及在國外執法受到的限制。

漁船於境外僱用外籍漁工，屬於典型涉外民事法律關係，一般以當事人合意選擇契約準據法為原則，《涉外民事法律適用法》第二十條第一項即明定：「法律行為發生債之關係者，其成立及效力，依當事人意思定其應適用之法律。」如缺乏當事人明示選擇，則須透過客觀聯繫因素決定其準據法，意即找出《涉外民事法律適用法》第二十條第二項「關係最切之法律」。就算是純粹的境外僱用、境外勞動、締約地及履行地均在國外之情形，仍因屬於我國籍漁船，具有一定程度之內國關聯。[42]

41 行政院農業委員會一一〇年八月二十七日農授漁字第1100233521號函。

42 林佳和，〈涉外民事關係適用我國強行公法？〉，《月旦法學教室》第二〇二期，二〇一九年八月，頁一〇。

採取境內聘僱途徑的漁工，多從事沿近海漁船之漁撈工作，一直以來都適用勞基法。而境外聘僱則通常為遠洋漁船之漁工，勞動關係為境外聘僱、境外作業、境外解僱之定期契約，原則上，也可以合意約定選擇適用我國的《勞動基準法》。

就算漁船船主與外籍漁工合意約定選擇外國法律為契約準據法，也不代表勞動關係全無適用我國勞動法令，仍須進一步審視契約內容、選擇之準據法而定。特別是攸關勞動者身體健康安全保護及人格權、人性尊嚴的部分，屬於形成內國公共秩序之規範，即使選擇以外國法為準據法，簽訂的勞動契約仍不得違反。[43]

不過，海上勞動的特殊性使勞基法所規範的工時與休假等條件，若要直接適用在遠洋漁業上，確實有一定的困難度。其次，目前境外僱用漁工之管理，以《遠洋漁業條例》作為法源依據，境內、境外涉及不同部會，依各自法源分流管理，若要打破雙軌制必須由上位政策做出決定。但是從立法政策來看，過去遠洋漁業三法修、立法討論時，在立法決定上就已經確立採取雙軌制。再加上，沿近海漁船與遠洋漁船的工作型態差距極大，遠洋漁船長期在海上作業，與商船船員較為類似，又比商船更少有靠港的機會，商船船員的勞動權益另有《船員法》、ILO－第一八六號《二〇〇六年海事勞工公約》等規範，並不適用勞基法。

以上這些問題都增加了境外聘僱漁工直接適用勞基法的困難度，也難以期待漁船船東與境外聘僱的漁工合意約定選擇適用我國的勞動法令。因此，考量產業的特性，從務實的

角度切入，有效提升漁工的勞動條件，保障他們的平等權，可能比直接納入勞基法更能對境外聘僱漁工有實質的幫助，這也是國際勞工組織另外以第一八八號《二〇〇七年漁業工作公約》規範漁工勞動條件的原因。

但即使基於海上勞動型態的特性而另訂規範，也不能將勞動條件完全交由市場決定，尤其是攸關漁工健康安全保護與人性尊嚴的部分，仍應參照勞基法的精神，訂出參考原則，如：漁船上的最高工時、最低工資，或許標準可能會與陸上勞動不同，但也不應相差太多，可參考境內聘僱之外籍漁工、外籍看護等標準。其次，應比照相同等級國家

43 同前註，林佳和，頁一三，二〇一九年八月。

如日、韓等國，目前我國境外漁工的最低薪資為四百五十美元，而日、韓等國則為六百至七百美元，存在不小的差距，面對國際勞動市場，外籍漁工合理的最低工資應該是多少，應參考國際標準，並宣示逐步提高以達到目標。最後，應符合《二〇〇七年漁業工作公約》的標準，才能夠與國際接軌。

目前境外聘僱的漁工以《遠洋漁業條例》第二十六條授權的〈境外僱用非我國籍船員許可及管理辦法〉規範勞動權益，根據上述的原則，如果能夠透過修改既有的法制去強化漁工的權益保障，繞過直接納入勞基法所要面對與突破的種種困難，或許是更加快速賦予境外聘僱漁工保障的方式。在執行方面則配合資訊透明化，將每艘船的違規紀錄登錄，建立漁船法遵資料庫，並且須注意個資問題，事先取得法律依據，以便必要時可以公開「法遵黑名單」。

方便的船旗：權宜船源起

「權宜船」（Flag of Convenience，簡稱FOC）指的是有別於船隻擁有者的國籍，選擇註冊在不同國家、掛上他國船旗，並屬於他國管轄的船隻。低廉的註冊費用、低稅或甚至免稅，以及自由聘僱廉價勞工，往往是船東決定「另掛船旗」的主要因素，因此船東選擇掛籍的船籍國通常漁業管理鬆散，沒有意願也沒有能力執行國際漁業管理法規，事實上權宜船向來是國際間備受爭議的做法，缺乏透明度、監管不易，也經常被發現從事非法、未通報、未受規範的非法漁業行為（IUU）和涉及強迫勞動與人口販運的不法情事。[44]

在各不同的船旗背後都存有不同的誘因，船東的著眼點不外是風險小、成本低、高利潤，因而某些船籍登記國為迎合船東的需求，除了保留些許公部門的直接管理與運作權限外，其餘船舶註冊業務皆授權民間團體代為辦理，最常見的是借助各國際知名船級協會執行船舶查驗等法定功能。巴拿馬是目前全球最大的權宜船旗國，因而巴拿馬徵收的規費與噸位稅常被其他國家視為訂定收費的參考。[45]

44 請見監察院一一〇財調〇〇〇六調查報告（權宜船管理制度案），頁二三一。
45 方信雄，《選擇船舶懸旗的考量因素》，《中華海員月刊》第七六八期，一〇六年十月號，二〇一七，頁二六－二七。

根據國際法，每一艘商船必須在某國登記，該國被稱為「旗國」，這個國家對該船有司法權，並負責檢查船隻安全、船員的工作環境等。巴拿馬的權宜船起源於一九二二年，當時有兩艘美國客船，為了能在禁酒期能給客人供應酒，就在巴拿馬登記。二戰後，巴拿馬登記船數增長更快，美國的船東是為了減少開支，而歐洲船東則為了躲避高額稅金。

巴拿馬是一個只有三百萬人口的中美洲小國，卻擁有著世界上最大的船隊，很多懸掛巴拿馬旗的商船都是外國船東，為的是避免本國更嚴格的海洋法規。巴拿馬實行的是開放登記（open registry），登記方便，同時也讓船東能僱用更廉價的外國勞工，此外，外國船東還不必支付所得稅。船舶登記給巴拿馬帶來豐厚利潤，其他一些國家也加入到開放登記中來，全球有四成船隻登記在巴拿馬、賴比瑞亞和馬紹爾群島。

2021年9月11日，國家人權委員會一行人訪視停靠在高雄旗津造船廠的權宜船「大旺號」。

每艘船不論船籍為何，都要遵守國際共同的安全、環境和勞動法標準，問題是英美等大國都是嚴格執行規範的船籍國，至於加勒比海島國，沒有龐大的公務員人力和強力的執法手段，標準自然不如英美嚴格。權宜船方便了船東隱藏身分也讓船東省錢，但是當船籍國是開發中國家，幾乎沒有外交影響力時，船員很難獲得船籍國的保護，因此權宜船的爭議不斷。由多國運輸業勞工工會組成的「國際運輸勞工聯合會」（International Transport Workers Federation，簡稱 ITF），從一九五八年即發起反對「權宜船旗」的運動。[46]國際勞工組織（ILO）二〇一九年在印尼舉辦的「海上漁工論壇」也提出決議文，呼籲各國停止權宜船的運作模式。

臺灣人投資經營的非本國籍漁船（即俗稱之權宜船），主要是源於一九九〇年代為了管制我國漁撈能力而建立的漁船汰建制度。臺灣漁政單位對於漁船數的管理是以「汰舊換新」為原則，新建造漁船必須汰換同噸級的舊船，漁船經營者轉而發展出權宜漁船的投資經營模式。許多業者直接向日本購買中古漁船，由於臺灣禁止漁船輸入，因此將這些漁船仿照商船，掛籍在巴拿馬、赤道幾內亞、貝里斯等國家，形成所謂的權宜國籍漁船。

46 BBC記者阿利雅．斯瓦比（Alyya Swaby），〈國際縱橫：巴拿馬旗——世界船東的偏愛〉，BBC中文網，二〇一四年八月九日。《聯合報》記者李京倫，〈國際小學堂／為何全球4成船隻都掛這3國國旗？揭開海上黑暗兵法…〉，聯合新聞網，二〇一九年八月九日。

日本業者脫手賣出的大批舊船，轉而成為日本鮪魚業的競爭對手，加上船旗國幾乎沒有能力對這些權宜漁船進行管理，成為公海資源管理的漏洞。日本政府開始對權宜漁船問題要求國際社會處理，權宜漁船幾乎被視為是IUU漁捕行為。一九九九年日本首度在大西洋鮪類保育委員會（ICCAT）提出抵制IUU漁船之倡議，該決議中指出，大部分的IUU漁船皆為臺灣業者擁有及經營。

一九九九年臺日雙方達成協議共同推動臺日行動計畫：一、回籍方案：臺灣負責讓本國新建造的權宜漁船回歸臺灣國籍；二、中古船收購：日本負責買回過去售出的中古船；三、正常化方案：由指定的國家對於掛籍的權宜船進行管理，在太平洋以萬那杜為掛籍國、印度洋以塞席爾為掛籍國，由權宜船向日本購買日本的漁業執照，利用日本漁船的漁撈能力，在萬那杜與塞席爾接受正常的管理。[47]

截至二〇二一年十一月八日，農委會許可之我國人投資經營非我國籍漁船計有二百五十五艘，船籍國前三名為巴拿馬、萬那杜、塞席爾。[48]

47 中華民國對外漁業合作發展協會，《踏浪千行》，遠見出版，二〇一六，頁一五六—一五九。

48 參見漁業署網站，首頁>資訊與服務>農委會許可我國人投資經營非我國籍漁船名單。https://www.fa.gov.tw/cht/FOC/。

表一：農委會許可我國人投資經營非我國籍漁船（權宜船）國別統計

國別	船數	國別	船數
巴拿馬	73	庫克群島	6
萬那杜	72	馬紹爾	5
塞席爾	43	美國	4
諾魯	16	索羅門	3
密克羅尼西亞	16	俄羅斯	2
貝里斯	7	韓國	1
巴布亞紐幾內亞	6	吐瓦魯	1
合計	255		

資料來源：漁業署

高雄前鎮漁港

相關國際公約與人權指標

臺灣擁有一流的遠洋捕撈船隊、冒險犯難的撈捕實績，橫跨三大洋、撈遍全世界，早期不管是產業界或是政府主管機關，對於臺灣漁業征服世界，都是帶著自豪而驕傲的心情。然而，綜觀國際海洋法的發展，從對距離概念的擴張管轄權（例如領海寬度擴大到十二浬，和二百浬專屬經濟區的成立），到針對魚種概念的功能性管轄（例如跨界與高度洄游魚種的養護與管理）和對公海中某些漁法的限制（例如流網的使用），都顯示出不只是公海的面積在減少，公海捕魚自由的內容受到的限制也持續增加。而就捕撈及養護公海漁業資源的層面來看，公海漁業國並非決定者；相反地，沿海國扮演著決定性的角色。[49]

公海捕魚自由是六大公海自由之一，在國際法的限制下，任何國家或其國民都有權在公海上自由捕魚，而不受其他國家的阻礙，公海上的漁業是對一切國家開放的。但由於各國只重視漁業資源的開發，而不重視養護，使公海捕魚活動處於一種掠奪式、無秩序的開發狀態，海洋漁業資源因利用過度而面臨枯竭。為了解決過度捕撈的問題，國際社會開始著手制定國際公約，對捕魚自由加以限制，加強海洋生態環境保護、建立海洋新秩序。[50]

一九七〇年代各沿海國相繼宣布實施二百浬專屬經濟海域（EEZ）後，壓縮遠洋漁業國原本撈捕作業的漁區。一九八二年《聯合國海洋法公約》（United Nations

Convention on the Law of the Sea，簡稱UNCLOS）承認了沿海國對二百海浬專屬經濟海域內生物資源的「主權權利」。[51]而二百海浬之外的公海上，遠洋漁業國基於《聯合國海洋法公約》第一一六條，則享有公海上捕魚的權利，但也同時受到兩方面的限制：第一，仍須受條約義務及海洋法公約中某些條款的約束；第二，特定魚類種群的限制，包括跨界魚群（六十三條）、高度洄游魚種（六十四條）、海洋哺乳動物（六十五條）、溯河產卵種群（六十六條）及降河產卵種群（六十七條）等。由國際間的實踐來看，加諸於公海捕魚自由的限制包括對魚種的限制、漁具漁法的限制與作業漁區的限制。[52]

聯合國相繼通過若干重要的文件，希望國際漁業秩序能受到有效的養護與管理，一九九五年八月四日通過的《執行一九八二年十二月十日聯合國海洋法公約有關養護和管理跨界和高度洄游魚類種群規定的協定》（以下簡稱一九九五年聯合國魚群協定），標記著公海捕魚自由時代的結束。[53]曾經擔任農委會副主委的沙志一，在中華民國對外漁業合作發展協會二〇一六年出版的《踏浪千行》一書序言中，提及：「公海管理、各地漁權爭

49 王冠雄，《全球化、海洋生態與國際漁業法發展之新趨勢》，秀威資訊出版，二〇一一，頁二一。
50 廖文章，《國際海洋法論：海域劃界與公海漁業》，揚智出版，二〇〇八，頁一六〇－一六一。
51 參見《聯合國海洋法公約》第五十六條。
52 同前註49，王冠雄，二〇一一，頁四。
53 同前註50，廖文章，二〇〇八，頁一六六。

議與臺灣問題，催生了一九九五年聯合國魚群協定。」但是，因為臺灣的特殊國際地位，為了將臺灣納入規範，而創造了「捕魚實體（fishing entity）」這個用詞，[54]全世界就只有一個捕魚實體，後來臺灣也以捕魚實體的身分參與各區域性漁業管理組織。

除了海洋法永續漁業方面的規定之外，還有漁工人權相關的國際公約與協定，共同構成漁業安全、環境保護及漁船人員培訓的法規架構。主要有四個重要的文件，包括：國際勞工組織（ILO）第一八八號《二〇〇七年漁業工作公約》、《一九九五漁船船員訓練、發證及當值標準國際公約》、《二〇一二漁船安全開普敦協定》及《預防、嚇阻及消除非法、未報告及不受規範漁撈之港口國措施協定》。

其他與漁工人權相關之重要公約尚有：《經濟社會文化權利國際公約》、《保護所有移徙工作者及其家庭成員權利國際公約》以及國際勞工組織八項核心勞動基準公約等。此外，在六個調查案中所涉及的基本人權議題，包括了：生存權、自由權、健康權、平等權、社會保障、工作權、免於酷刑權等，這些基本人權也都能在聯合國重要核心人權公約中找到相應的條文。

（一）二〇〇七年漁業工作公約

國際勞工組織（ILO）第一八八號《二〇〇七年漁業工作公約》（Work in Fishing Convention, 2007 (Convention No. 188)），以下簡稱ILO-C188公約，已於二〇一七年十一月十六日生效。該公約目的在確保漁業工作人員良好的工作和生活環境，因此對於在海上和岸上有關漁船工作職業安全、健康和醫療照顧、休息時間、書面工作合約、與其他類別勞工享有同級的社會安全保障等勞動條件事項皆有所規範。

ILO-C188公約國內法化的主政機關在勞動部，已委託學者進行先期研究，全案預計二〇二二年一月辦理完竣，作為後續推動ILO-C188公約國內法化之參考；勞動部也邀請行政院農業委員會漁業署等相關部會召開跨部會會議，後續將持續邀集相關權責部會，會商ILO-C188公約國內法化內容及相關事宜，也會邀請民間團體來諮詢。經勞動部檢視ILO-C188公約跟漁業勞動條件有關的條文共計有二十六條，預計二〇二三年上半年將相關草案送立法院審議。

農委會則表示會配合勞動部ILO-C188公約國內法化作業外，所主管之〈漁船建造許可及漁業證照核發準則〉第十五條之四、第十五條之五已經明定：漁船應符合《二〇〇七年

54 同前註47，中華民國對外漁業合作發展協會，二〇一六，頁一三一一五。

漁業工作公約》附錄三之起居艙規定。為鼓勵業者將漁船起居空間規劃在環境條件較好之上層區域，對於上層起居艙主要空間之噸位，免補足汰舊噸數。另〈境外僱用非我國籍船員許可及管理辦法〉，就遠洋漁船僱用外籍船員年齡、條件、工時等勞動條件，亦參考該公約規定進行修正中。[55]

（二）一九九五年漁船船員訓練、發證及當值標準國際公約

國際海事組織（IMO）基於海事安全，對於漁船船員制定《一九九五年漁船船員訓練、發證及當值標準國際公約》，簡稱STCW-F公約，於二〇一二年九月二十九日生效，該公約目的在確保漁船船員執行職務時的適任能力，對於漁船船員培訓的課程內容與實施方式、能力認證的考核與證書的核發等，均訂定相關標準與規範。

農委會表示所主管的〈漁船船員管理規則〉，已經落實《一九九五年漁船船員訓練、發證及當值標準國際公約》，包括以漁船長度、主機最大連續輸出功率、航行作業水域、設備維修方式作為幹部船員配置之分類、明定船員訓練種類、對幹部船員專業技能熟稔度之要求、船員應遵守國際標準之漁船當值相關規定等。但是對於境外聘僱的外籍漁工並沒有相關的訓練規定，僅針對仲介機構要求須配合主管機關對外籍船員辦理講習及宣導。[56]

（三）二〇一二年漁船安全開普敦協定

國際海事組織（IMO）於二〇一二年十月十一日訂定的《二〇一二年漁船安全開普敦協定》旨在實施「《一九七七年託雷莫利諾斯國際漁船安全公約》一九九三年議定書」的規定。該協定尚未生效，生效條件為：二十二個簽約國，這些簽約國家符合「在公海作業，船長二十四公尺以上」條件之漁船合計數量不少於三千六百艘。截至二〇一九年十月底，有十二個簽約國，包括剛果共和國、丹麥、德國、愛爾蘭、荷蘭、挪威、南非、法國、比利時、西班牙、庫克群島、聖多美普林西比。預計於二〇二三年十月十一日生效。

開普敦協定主要目的在確保漁船安全，因此對於漁船設計、建造和設備及船員和觀察員安全等，訂定相關標準與規範，涵蓋了各種重要的安全要求，包括無線電通訊、求生裝置和安排、緊急程式、集合和訓練等。針對漁船航行設備規範，交通部已參考國際相關規範，訂定〈船舶設備規則〉，對漁船採定期檢查機制，以維護航行安全。[57]

55 行政院農業委員會一一〇年八月二十七日農授漁字第1100233521號函。
56 行政院農業委員會一一〇年八月二十七日農授漁字第1100233521號函。
57 行政院農業委員會一一〇年六月十八日農授漁字第1100221933號函。

（四）預防、嚇阻及消除非法、未報告及不受規範漁撈之港口國措施協定

二〇〇九年聯合國糧農組織（FAO）通過了《預防、嚇阻及消除非法、未報告及不受規範漁撈之港口國措施協定》，簡稱《港口國協定》，已於二〇一六年六月五日生效。該協定主要目的在阻止IUU漁撈活動的漁獲物進入國家市場和國際市場，以減少從事IUU漁撈的誘因。這項協定對於偵查和調查IUU漁撈活動的方法，以及後續的追蹤行動、報告和通報等訂定相關標準與規定。

傳統上，船旗國在打擊IUU漁業上立於主要角色，所謂船旗國指的是船舶的國籍國，通常船舶懸掛哪一國的國旗就會是註冊並且受到該國管理的船隻。然而，近年來由於「權宜船籍」的出現，導致船旗國的管理效果因失去管理依據，而大打折扣，有鑑於此，國際社會將打擊IUU漁業之責任寄望於港口國。

港口，作為漁船進入國家的大門具有阻擋以及防衛的功能。漁船於完成漁捕後都必然得回到港口始得卸貨、轉運、休憩或是進行油料補充以期進行下一趟作業。因此，若漁船無法進入港口，無疑對於漁船是一項重大的影響，漁船便無法進行油料填充，也無法將漁獲銷售至市場以換取經濟所得。無法獲得經濟利益就沒有理由繼續進行IUU漁業。

《港口國協定》指出國家以及區域經濟組織皆可以成為其會員國，然而可惜的是並不允許捕魚實體加入。原因在於此協定是依附於聯合國體系之下，從而我國由於政治敏感而被故意排除於外，但由於我國仍然必須與協定締約成員互動，因此本協定仍然會對我國造成實質上之影響。有學者指出，由於臺灣是漁業大國並且在國際貿易舞台上也相當活躍，當初臺灣曾被論及是否應納入公約之締約方，然而，因為臺灣的港口國際化程度並不高，因此最後仍被認為無須納入港口國措施公約之一方。[58]

利用強迫勞動及人口販運所得廉價勞力從事漁撈行為，已被視為不公平競爭，為預防、嚇阻及消除非法、未報告、不受規範（IUU）漁撈行為，港口國應合作阻絕涉及該等行為漁船之漁獲物進入市場，且不應為這些漁船提供港口服務。為善盡我國之港口國責任，農委會已修正〈非我國籍漁船進入我國港口許可及管理辦法〉第六條、第七條規定，非我國籍漁船經營者倘涉及強迫勞動或人口販運經起訴或通報，其經營之漁船不得進入我國港口，並且為確認漁獲合法性，我國得要求提供非我國籍漁船或所轉載漁獲物漁船當航次之相關資料。[59]

（五）ＩＬＯ相關公約與保護所有移徙工作者及其家庭成員權利國際公約

前面提到三十四個民間團體「終結遠洋漁業強迫勞動」聯合聲明，對於保障外籍漁工的基本訴求，提出了：「政府應該確保所有漁工可以享受到國際勞工組織所提倡的核心勞工標準，包括免於強迫勞動、免於童工、免於工作歧視、能夠籌組與參加工會以及集體協議薪資。因此政府應該採納並實踐ILO八大核心公約。」

ILO八項核心勞動基準公約

有關國際勞工組織（ILO）之八項核心勞動基準公約包括：C29號強迫勞動公約、C87號結社自由及組織權保障公約、C98號組織權與集體協商權公約、C100號男女勞工同工同酬公約、C105號廢止強迫勞動公約、C111號禁止就業與職業歧視公約、C138號最低年齡公約、C182號最惡劣形式的童工勞動公約。

根據一九九八年ILO關於工作中基本原則及權利宣言，歸納為四個核心勞動基準：一、結社自由及有效承認集體談判權；二、消除一切形式的強迫勞動；三、有效廢除童工；以及四、消除就業與職業歧視。其中以強迫勞動最特別，因為強迫勞動是跨領域的議題，涵蓋特別廣又特別複雜，ILO對強迫勞動的認定遠遠超過傳統勞動法令可以處理的範圍。在八大核心勞動基準公約中我國已經批准其中四項核心公約，詳情如下表二所示。

58 李濬勳，〈臺灣漁業不能忽略的趨勢——透過港口國措施強化打擊非法捕魚〉，法律白話文運動，二〇一六年八月二日。https://plainlaw.me/2016/08/02/ipoa-iuu/，最後瀏覽日期：二〇二一年六月二十一日。

59 行政院農業委員會一一〇年八月二十七日農授漁字第1100233521號函。

表二：國際勞工組織核心勞動基準之具體內容

核心勞動基準	對應公約	具體內容[60]	批准情形
結社自由及有效承認集體談判權	C87號結社自由及組織權保障公約	主要是要保護勞工及雇主均應有權組織及參與其選擇之團體；以及工會組織及雇主團體一經設置後，即應享有組織自治權。公約第三條所定結社權範圍甚廣，不但包括雇主及勞工得以自由制定組織規章及規則，而不受任何外界阻撓干涉外，尚被詮釋為包括勞工罷工及採取任何工業行為，藉以保護及促進其合法社會與經濟利益之權利。	已批准
	C98號組織權與集體協商權公約	對第八七號公約之相關規定加以補充。根據本公約第一條，勞工應充分享有在進用、僱用期間及解僱時免受反對工會歧視。本公約第二條也禁止雇主對勞工進行組織時之控制及干涉，並在第四條中明確宣示應鼓勵透過團體協約來釐訂僱傭條件。	
消除一切形式的強迫勞動	C29號強迫勞動公約	所謂強迫或強制勞動，是指：以任何懲罰威脅，要求任何人從事勞動或服務，且此項勞動或服務之提供，非出於自願。 公約中也列舉五項例外情形，例如純屬軍事性質、公民義務、法庭判決、因天災事變而徵取等。公約批准會員國應規定在最短期間內廢止各種強迫勞動。	已批准
	C105號廢止強迫勞動公約	出自於對二次世界大戰後所普遍使用強迫勞動來做政治上壓迫手段之關懷，而規定批准認可會員國應立即而完全廢止下列形式之強迫勞動：(1)做為政治壓迫或政治教育工具，或做為對懷有或發表與現存政治、社會或經濟制度相反之政見或思想者之懲罰；(2)做為一種旨在經濟發展而動員並使用勞工之方法；(3)做為勞工紀律之工具；(4)做為對參加罷工之懲罰；及(5)做為對種族、社會、國籍或宗教歧視之工具。	

核心勞動基準	對應公約	具體內容[60]	批准情形
有效廢除童工	C138號最低年齡公約	將國際勞工組織在早期之相關公約加以整合，成為規範各類行業童工最低年齡之核心勞動基準。批准認可此一公約之會員國均應承認採取全國性之政策，藉以保證有效澈底剷除童工問題，並提供彈性的年齡調整機制。	
	C182號最惡劣形式的童工勞動公約	強調應消除「最惡劣形式」的童工勞動。批准的會員國應該致力於消除童工問題與逐漸提高最低工作年齡之限制，確保促進青少年健全的身心發展。	
消除就業與職業歧視	C100號男女勞工同工同酬公約	各會員國應以符合現行決定報酬率辦法之適當手段，保證將男女勞工同工（同值）同酬之原則，實施於所有之勞工。然而，本公約也允許此一重要原則有一例外情形，即：如果勞工之工資率差異，是根據實際工作予以客觀評定，而不涉及性別因素者，則不應視為與此一原則相牴觸。	已批准
	C111號禁止就業與職業歧視公約	規範就業與職業中所有的歧視類別，涵蓋所有的勞工，並確立七種禁止歧視的事由（種族、膚色、性別、宗教、政治主張、血統或社會門閥）。	已批准

60 焦興鎧，〈國際勞工組織建構核心國際勞動基準之努力及對我國之啓示〉，《台灣勞工季刊》第五八期，二〇一九，頁一四。

勞動部認為關於國際勞工組織所提倡之核心勞工標準，包括免於強迫勞動、免於童工、免於工作歧視、能夠籌組與參加工會以及集體協議薪資等，經檢視我國勞動基準法、職業安全衛生法、性別工作平等法、工會法、團體協約法及勞資爭議處理法、就業服務法，皆已採納。境內受僱於漁業事業單位之勞工，不分本國籍、外國籍身分，均受上述勞動法令之保障，且已經涵蓋ILO八大核心公約之主要精神。[61]不過，在境內、境外聘僱的雙軌制之下，境外聘僱的漁工並無法受到相關保障。

● ILO移工工作公約與聯合國保護移工公約

至於國際勞工組織相關之移工工作公約，勞動部表示將透過聯合國核心人權公約國內法化，加以實踐ILO移工工作公約：「聯合國《保護所有移徙工作者及其家庭成員權利國際公約》序言指出，考慮到國際勞工組織體制內擬訂之各項有關文書內載之原則與標準，特別是《關於移徙就業公約》（第九七號）與《關於惡劣情況下之移徙與促進移徙工作者機會及待遇平等公約》（第一四三號）、《關於移徙就業建議書》（第八六號）與《關於移徙工作者建議書》（第一五一號），以及《關於強迫或強制勞動公約》（第二九號）與《關於廢止強迫勞動公約》（第一〇五號），需制定一項全面性、可普遍適用之公約，以重申並建立基本規範，對所有移徙工作者及其家庭成員之權利提供國際保護。明確指出該公約已將國際勞工組織相關移工工作公約規範之原則與標準納入，作為一全面性、可普遍適用之公約。」[62]

聯合國一九九〇年通過《保護所有移徙工作者及其家庭成員權利國際公約》，簡稱《保護移工公約》，於二〇〇三年七月一日生效。該公約五十六個締約國多為移工輸出國，公約規範的內容非常廣泛，包括移工及其家庭成員之醫療、教育、司法、選舉、社會福利、保險等，也涉及到國際關係、國家主權、國家安全、移民等政策方向。我國二〇一二年首次提出《兩公約》國家報告，二〇一三年國際審查會議所通過的國際獨立專家結論性意見與建議，鼓勵政府致力促成接受聯合國九大核心人權公約，展現實踐國際人權標準之作為，建議我國政府啓動必要的準備程序以便及早接受保護移工公約的義務。

我國是否簽署《保護移工公約》，除了程序和效力的問題外，國內法目前或將來的修正對於這項公約所定的各項要求和基準，是否能確實履行是最大的問題所在。特別是保護移工公約規定移工應享有國民同等待遇，而非所謂的「最低基準」，並及於非法或在不正常情況下之移工。我國現行個別勞動法的規範，在《就業服務法》第四十六條第一項第八款至第十款規定之漁工、家庭看護及中央政府指定之藍領勞工受到較多的差別待遇，與本國勞工間形成不平等的狀況。[63]

對此，勞動部表示，已於二〇二一年七月五日函報行政院擬加入聯合國《保護所有移徙工作者及其家庭成員權利國際公約》，並經行政院於二〇二一年八月十一日就保留條款、

61 勞動部一一〇年六月二十二日勞動發管字第1100509873號函。
62 勞動部一一〇年六月二十二日勞動發管字第1100509873號函。
63 張鑫隆，〈《保護所有移工及其家庭成員權利國際公約》與我國看護移工之人權保障〉，《臺灣勞工季刊》NO.51，二〇一七年九月，頁四－五。

解釋性聲明等召開會前研商會議討論，釐清爭點，請勞動部彙整相關權責機關意見予以釐清後，行政院再行召開本公約審查會議。[64]

不過按《保護移工公約》第三條第(f)款規定，本公約不適用於未獲就業國准許入境居住與從事有報酬活動之船員及離岸設施上之工作者。因此境內聘僱外籍漁工是本公約適用對象，享有本公約賦予權利不受歧視、人權及其他權利之保障；而境外聘僱的漁工仍然無法適用。

(六) 經濟社會文化權利國際公約

依據《經濟社會文化權利國際公約》第二、七、九條規定：人人有權享受公平與良好之工作條件，確保獲得公允之工資、安全衛生之工作環境及休息、合理限制工作時間，以及享受社會保障包括社會保險。人人行使本公約所載之各種權利，不因種族、膚色、性別、語言、宗教等受到歧視。

64 勞動部一一〇年八月二十四日勞動發管字第1100513672號函。

《經濟社會文化權利國際公約》

- 第二條：「本公約締約國承允保證人人行使本公約所載之各種權利，不因種族、膚色、性別、語言、宗教、政見或其他主張、民族本源或社會階級、財產、出生或其他身分等等而受歧視。」
- 第七條：「本公約締約國確認人人有權享受公平與良好之工作條件，尤須確保：(1)所有工作者之報酬使其最低限度均能：A.獲得公允之工資，工作價值相等者享受同等報酬，不得有任何區別，尤須保證婦女之工作條件不得次於男子，且應同工同酬；B.維持本人及家屬符合本公約規定之合理生活水平；(2)安全衛生之工作環境；(3)人人有平等機會於所就職業升至適當之較高等級，不受年資才能以外其他考慮之限制；(4)休息、閒暇、工作時間之合理限制與照給薪資之定期休假，公共假日亦須給酬。」
- 第九條：「本公約締約國確認人人有權享受社會保障，包括社會保險。」

（七）小結

漁業及漁船安全等相關國際公約，如經我國簽署批准並經立法院相關程序，則其位階等同於法律。由於我國非聯合國會員國且國際處境特殊，相關國際公約如經總統批准後能否依規定順利交存聯合國祕書長，完成締約程序，顯然仍有困難，不易克服。因此，相關重要國際公約或協定應該如何加以落實以維護人權之普世價值？在公約國內法化之前是否能透過其他方式先行改善？

此外，國際公約或協定有無可能在滿足其他主客觀要件時，作為具體個案的法律論證依據？例如，就某一國際公約，具體之契約當事人明確以書面合意適用該等公約規範。尤其在涉外民事案件中，基於當事人自治原則，並無不許之理。甚至在當事人並未明確作為契約之合意內容，例如在身分案件中關於諸多兒童之權利保護，以及在勞工案件中關於勞工之保護等等，相關國際公約規範之精

神，至少應得作為法律之一般原理原則而加以適用。當然，如果就我國未能締結之國際條約或協定，直接做為相關修法之依據，或是透過另定施行法之方式在我國加以施行，當然也是一勞永逸之計。[65]

也就是說，在國際公約或協定尚未國內法化之前，應該可以先推動國內相關法令修改，逐步與公約規範內容趨於一致，減少公約國內法化可能帶來的衝擊。相關案件如果能夠盡可能援引公約相關規定，作為法律之一般原理原則而加以適用，不但可以引發社會各界對於國際公約的重視，也會有助於該國際公約的國內法化。

65 許耀明，〈未內國法化之國際條約與協定在我國法院之地位〉，《司法新聲》第一〇四期，二〇一二年十一月，頁二六。

從反血汗工廠到企業人權

美國政府於二〇二一年三月一日公布「二〇二一年度貿易政策議程」（2021 Trade Policy Agenda），報告中明確宣示拜登政府將致力於推動「以勞工為中心的貿易政策」。拜登政府將透過在貿易協定中訂定強力、有效的勞動標準以保障勞工權益及經濟安全。與此同時，拜登也將與國際盟友合作，共同打擊強迫勞動和不公平的勞動條件，以提升全球供應鏈的透明化和可責性。[66]美國的貿易談判就具體提到，希望在這個中心政策下解決供應鏈的強迫勞動問題，尤其是漁業的部分。

公民團體早在一九八〇年代開始，就已經發展出反血汗工廠（Anti-sweatshop Movement）運動。「反血汗工廠運動」是一種由消費者觀點出發，進而影響生產關係與勞工權益的運動形式，與傳統勞工運動是由生產者身分出發，進而改變自身的勞工權益有所差異，但在促進勞動人權的目標上，兩者之間目標一致。

一開始是從「成衣業」為目標的「清潔成衣行動」（Clean clothes Campaign, CCC），以及在工會和學生團體壓力下，美國前總統柯林頓催生成立的「公平勞動協會」（Fair Labor Association, FLA），協會董事會成員包括品牌廠商及勞工，並由人權及宗教團體代表共同組成，透過和開發中國家的工會、勞工團體或其他非政府組織合作，經由勞動檢查確保品牌商在開發中國家的承包商及原料供應商遵守勞動規範。其他類似的公民社會監察機制，還包括以大專相關成衣及運動商品採購為標的之「勞工權益聯盟」（Worker Rights Consortium, WRC）等。

隨著落實企業社會責任的觀念普及，越來越多企業自主性地將各項改善勞動人權、友善環境、友善消費者及透明經營等理念，列為企業經營的核心工作，一方面整體提升企業社會形象，同時也將更有助於企業的永續經營。與此同時，為了更有效確認各企業的努力成效，不同產業鏈亦發展出不同的驗證機制，例如以電子產業各品牌共同成立的電子行業公民聯盟（Electronic Industry Citizenship Coalition，簡稱EICC），透過行為準則（Code of Conduct）為電子行業的供應鏈訂定一套規範，從而確保工作環境的安全、員工受到尊重並富有尊嚴、商業營運重視環保並遵守道德操守。又為確保各會員及其供應鏈廠商更廣泛的確實遵守各項準則，該聯盟於二〇一七年再正式更名為「責任商業聯盟」（Responsible Business Alliance, RBA）。

其他類似的驗證機制，尚包括amfori BSCI商界社會責任倡議、ICTI國際玩具公會理事會準則、WRAP國際社會責任驗證、WCA-ITS工作場所環境評估標準，以及以金融業為主

66 顏慧欣，〈各國情勢分析：拜登政府公布2021年度貿易政策議程〉，中華經濟研究院WTO及RTA中心，一一〇年三月份國際經貿規範動態分析，二〇二一年三月三十一日。

的赤道原則等。除此之外，個別跨國企業為有效確保其供應商落實人權指標，亦建立有相關的品牌行為準則，例如Apple、Walmart、Disney、Li & Fung供應商行為準則。

企業社會責任落實已成為檢視各國人權的一項重要指標，許多國家在公司治理、證券交易以及金融監管等法規中，均將企業社會責任揭露納入積極規範，甚至在政府採購及各項公共基金投資管理規範中亦列入人權、環保和永續指標。[67]

各國參考的重要國際準則，包括《聯合國工商企業和人權指導原則》以及國際勞工組織（ILO）《工作基本原則與權利宣言》。跨國供應鏈為了尋求最便宜的人力及土地，最後往往會在開發中國家生產，如果只要求開發中國家去保障人權，效果並不好，所以會從消費端直接要求產品最末端的大型跨國公司，必須管理旗下所有供應鏈廠商。近年來各國通過相當多的法案要求透明化供應鏈，大型跨國公司必須要對旗下供應鏈各個公司進行管理。林盈君教授在「一一〇年防制強迫勞動圓桌論壇」中針對產業杜絕供應鏈強迫勞動的議題，與談時舉例說明：「例如《二〇一〇加州供應鏈透明化法案》，要求大型的零售商、製造商若要在加州做生意一年超過一億美金就必須要在網站披露出相關規則，要對供應鏈的廠商進行驗證，評估這些供應鏈有沒有發生現代奴役、人口販運的風險，這個披露必須要由第三方來驗證。英國二〇一五年的《現代奴隸法》也一樣要求三千六百萬英鎊（約十四億臺幣）的企業，想要在英國營運，每年必須要發布奴役與人口販運的聲明，要揭露企業旗下的供應鏈，除了要瞭解自己企業的產品是從哪裡來的，還要說明公司的政策是什麼。不使用有勞動剝削、兒童剝削的供應商的產品，要進行調查、知道企業的風險在哪裡。澳洲二〇一七年《現代奴隸法》仿效英國的規定，要求一億澳幣的企業每年必須要做報告。」還有法國《企業母公司與承包公司預警義務法》以及德國國會於二〇二一年六月十一日以壓倒性的票數通過的《供應鏈企業責任法》等，都是利用產品消費國的力量，立法要求跨國企業。

在漁業人權的部分，美國近年的人權報告、人口販運報告，指出部分我國遠洋漁船境外僱用外籍船員遭剋扣薪資、暴力對待等問題，並將臺灣遠洋漁獲列入強迫勞動製品清單。拜登新政府除了提出以人為本、以勞工為中心的貿易政策，也在WTO提案要禁止有強迫勞動的漁業補貼。以及臺美貿易暨投資架構協定（TIFA）復談，美方也要求我方承諾與美方合作共同打擊漁業強迫勞動。

67 孫友聯，〈新疆棉事件後，臺灣應重視企業社會責任及供應鏈人權保護法制化問題〉，報導者，二〇二一年七月十九日。https://www.twreporter.org/a/opinion-xinjiang-cotton-taiwan-regulation，最後瀏覽日期：二〇二一年七月二十日。

肆

追蹤

「婆娑無邊的太平洋，懷抱著自由的土地。」
——李雙澤《美麗島》

勞動者遠赴重洋，只為求取生活的改善。
回首來時路，臺灣該如何逐步落實國際公約精神，
共同促進漁工人權保障？

二〇二〇年十一月二十七日的午後時分，國家人權委員會主委陳菊與人權委員等一行人，來到前鎮漁港，在農委會副主委陳添壽，以及漁業署與高雄市海洋局等官員陪同下，參訪高雄海員漁民服務中心，聽取長期關懷外籍漁工的長老教會牧師陳武璋說明目前受理外籍漁工權益保障的狀況。

就在國家人權委員會成立不久後，二〇二〇年底隨即辦理一系列的履勘行程，所到之處包括各地的不義遺址、社福機構等。十一月底在主任委員陳菊帶隊下，到小琉球履勘原臺灣警備總司令部職業訓導第三總隊的遺址、大鵬灣的鵬村農場史蹟之後，一行人沿著海岸線繼續向北，訪視了高雄無障礙之家、關懷臺籍老兵文化協會導覽的戰爭與和平紀念公園，以及勞工局導覽的勞動女性紀念公園等地，最後一站來到前鎮漁港。正因為將近二個月之前，美國勞工部公布第九版的「童工或強迫勞動生產之貨品清單」，將我國遠洋漁船漁獲列為強迫勞動捕撈之產品，引發各界對於外籍漁工人權的關注，因此人權會特別安排到高雄海員漁民服務中心訪視，目的是為了瞭解漁工實際處境。

在座談會中，陳武璋牧師表示，「遠洋漁業三法」正式上路後，雖然並沒有立即解決所有的問題，但是對比過去許多人口販運、剋扣薪資、勞動剝削與虐待的狀況，總算是有了好的開始。

基於對外籍漁工人權問題的關注，國家人權委員會二〇二一年二月八日第一屆第十三次會議決議「彙整監察院有關外籍漁工權利相關調查案件，做成國家外籍漁工人權專案報告」，並共推主任委員陳菊擔任本案召集人，原調查委員王幼玲、紀惠容、王美玉為共同督導委員。同年五月份，監察院公布涉及外籍漁工人權的三件調查報告，包括：

- 「我國遠洋漁船漁獲遭美國列入強迫勞動貨品清單案」，經訪談發現確有剋扣薪資、工時過長、證件遭扣留以及仲介強迫簽立剝削契約的情形。
- 「權宜船管理制度案」，萬那杜籍權宜船金春十二號、大旺號，遭控對漁工有暴力、工時過長及剋扣薪資等強迫勞動情事。
- 「外籍漁工仲介制度與管理案」，一名臺灣黑心仲介利用漁工不諳法令的弱勢，轉介至違法黑市牟利剝削，遭地檢署起訴，突顯政府對仲介機構的審核及管理機制失靈。

至此六個案件都已經完成調查，並由監察院提出糾正。後續相關部會的改進措施及辦理情形，國家人權委員會依據決議進行追蹤，作為本報告的重要內容。

首先，將六個調查案涉及的相關問題歸納整理，並聚焦如前章所列之八大面向。其次，針對民間團體「終結遠洋漁業強迫勞動」所提訴求，發函相關機關，請各機關提供執行情形與可行性評估。為了尋求答案，我們也透過辦理專業論壇、實地履勘、機關會談等各種方法，嘗試釐清並回應前述的種種問題。

國家人權委員會主委陳菊與人權委員一行，在農委會副主委陳添壽，以及漁業署與高雄市海洋局等官員陪同下，於2020年11月27日訪視高雄海員漁民服務中心，聽取長期關懷外籍漁工的長老教會牧師陳武璋，說明中心現行受理外籍漁工權益保障的狀況。

漁工人權專業論壇

2021年6月23日漁工人權專業論壇，討論權宜船與仲介管理議題。

二〇二一年，全球疫情緊繃，臺灣也在年中提升全國疫情警戒至第三級，多場原訂五、六月辦理的座談與研討會被迫取消或延期；但是，六月二十三日的「酷刑防制運作暨漁工人權專業論壇」，是極少數維持改採視訊直播進行的活動。下午兩場議程聚焦漁工人權議題，由國家人權委員會王幼玲委員、紀惠容委員分別擔任主持人，與會者包括調查漁工案的監察委員、人權諮詢顧問、民間團體及權責機關的代表。[69]

69 參見《2021酷刑防制國際運作暨漁工人權專業論壇會議實錄》。國家人權委員會新聞稿，〈酷刑防制暨漁工人權論壇！法外之船「權宜船」漁工人權問題多〉，二〇二一年六月二十三日。

行政院政務委員羅秉成於致詞時表示，臺灣四面環海，漁業活動興旺，業者大量引進外籍漁工，關於僱用外籍漁工所產生的若干人權問題，國際社會以及國內外NGO團體也非常關切。行政院特別督導農委會漁業署，積極研提漁業與人權的行動計畫草案，感謝人權團體及專家學者的建言，希望透過漁業與人權的行動計畫回應外界期待，落實漁工勞動權利保障。

1　主持人王幼玲委員。　2　主持人紀惠容委員。　3　漁工人權專業論壇，權宜船與仲介場次之講者合影。　4　漁工人權專業論壇，勞動條件場次之講者合影。

（一）法外之船「權宜船」漁工人權問題多

首先針對權宜船與仲介議題，負責這兩個調查案的監察委員王美玉表示，目前國際上沒有針對權宜船另立專法管控，通常是利用港口國管制，船靠港時藉由港口國的措施打擊IUU漁獲、防制人口販運，對於權宜漁船，臺灣沒有管轄權所以沒辦法行政檢查，不管是《遠洋漁業條例》或是權宜船投資條例中都沒有研訂相關規定，十年來也沒有對這些船籍國舉發過。從權宜船大旺號案例中，漁工從馬尼拉到香港、高雄登船，也有漁工從斐濟到臺灣，而漁獲分別銷往日本、臺灣，我國仍然有市場國的責任。此外，監察院調查結果，在四年間有兩家仲介的失聯漁工分別高達一百六十五人、一百四十二人，為何還可以繼續引進漁工？對這些仲介是如何評鑑？另外有漁船經營者未經許可自行引進漁工，近四年人數越來越高，這些漁工像是幽靈勞動力，不知道漁工在哪裡、做什麼工作，宛如黑市，而漁業署因為訪查人力不足，只能查漁獲時順便訪查漁工勞動條件。

國家人權委員會人權諮詢顧問、中研院研究員蕭新煌資政，舉二〇一六年「Naham 3」被索馬利亞海盜劫持的漁船為例，這艘船登記的船東是中國人，背後出錢的是臺灣人，懸掛的卻又是Oman（阿曼）國旗，究竟是「三要管」，還是「三不管」？關於權宜船的問題，行政院、農委會、交通部、外交部、勞動部、法務部、內政部都有責任，卻都很無奈，應如何處置權宜船的管轄權，防範人口販運、強迫勞動和漁工人權問題，不是我國單方面可處理解決，需國際協力合作。蕭新煌資政表示，他個人比較傾向盡量在未來幾年能終止許可這類權宜船。

綠色和平海洋專案負責人陳瓊妤提及，二〇二一年五月底，綠色和平東南亞辦公室發布的「海上強迫勞動」報告中，共有二十一個漁工投訴七艘權宜船涉嫌有強迫勞動，其中有一艘是臺灣人經營、掛籍萬那杜的大旺號。二〇一九年底綠色和平東南亞辦公室發布的「海上奴役」報告中，則有兩艘臺灣人經營的權宜船被投訴強迫勞動，分別是金春十二號和大旺號。綠色和平基金會至今共出版五份有關外籍漁工人權相關調查報告，發現許多臺資船東在外國註冊的權宜船，遊走於法律灰色地帶，造成難以規範他們的非法漁業行為與海上強迫勞動問題。

行政院農業委員會漁業署張致盛署長表示，二〇一七年新定外籍船員相關管理辦法，對仲介採許可、保證金制度輔以相應罰則，並藉由評鑑機制、申訴處置、船員訪查等措施加強監督管理。目前也已修改法規，對涉及強迫

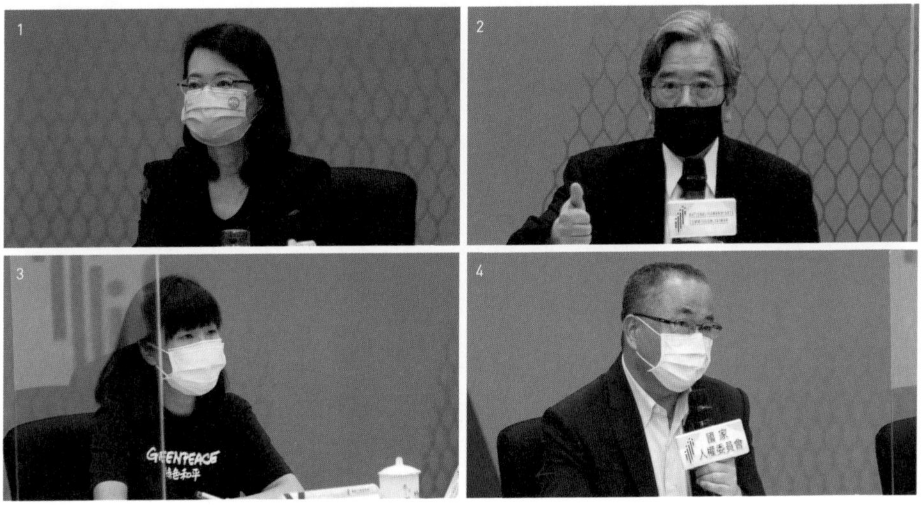

權宜船與仲介場次之與談人：1 監察院王美玉委員。 2 蕭新煌資政。 3 綠色和平陳瓊妤專案負責人。 4 漁業署張致盛署長。

勞動或人口販運等犯罪之國人或外籍船，將不許可投資經營外國籍漁船，以及不得進入使用我國港口。未來將規劃後續行動計畫，強化對權宜船的掌握，精進對仲介管理評鑑，研議不透過國外仲介給付船員薪資、提高檢查量能、與來源國合作、明確外籍船員出國時負擔費用、漁船作業資訊公開等政策，以持續提升遠洋漁船境外僱用外籍船員之工作條件及權益。

（二）國際勞工組織第一八八號漁業工作公約受矚目

下午最後一場論壇針對漁工人權之勞動條件、健康醫療及社會保障議題，參與漁工案調查的監察委員蔡崇義建議，推動國際勞工組織第一八八號（ILO-C188）漁業工作公約國內法化，在外籍漁船進入我國港口時，也能依公約進行港口國的勞動檢查。同時應加強司法機關對於人口販運之認知，與國際接軌，達到人權保障之目的。以及加強國際合作，促請漁業署完成與我國漁業關聯較高的二十二個國家，進行合作安排、強化我漁船確實遵守區域性漁業管理組織（RFMOs）規範，以優化我國的遵從紀錄，提升我國國際形象。

國家人權委員會人權諮詢顧問魏千峯律師表示，臺灣漁船的船員不適用《船員法》，商船的船員才適用，《船員法》對基本工資、工時都有規定，但漁船沒有。漁業分為遠洋、近海、養殖漁業，臺灣於全世界而言，遠洋漁業是世界第二，僅次於中國，第三是泰國，第四是挪威，而挪威的法律相對進步，建議未來ILO-C188公約國內法化可以參考挪威法律。ILO-C188公約在二〇一七年十一月生效，迄今有阿根廷、挪威、法國、英國、南非與泰國等十八個國家批准。亞洲國家中，泰國是第一個批准此公約的國家，日本與韓國尚未批准，因而受到國際相當批評。

魏千峯律師引用了三個具有代表性的我國司法實務判決，在相關判決中，不論境內僱用或境外僱用之外籍漁工往往與雇主合意以臺灣法為準據法，適用《勞動基準法》。因此，魏律師建議政府應鼓勵上述勞雇雙方

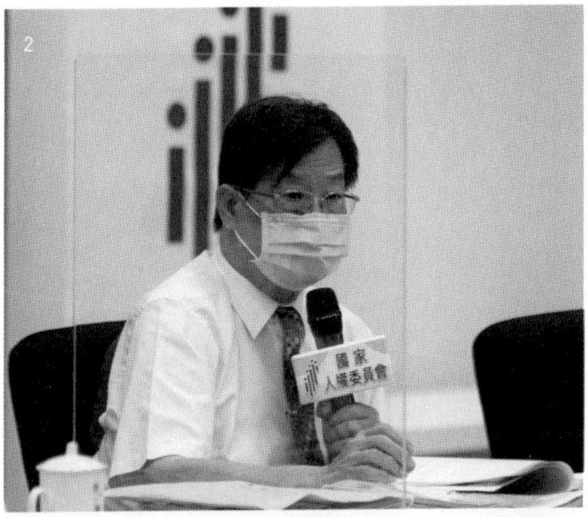

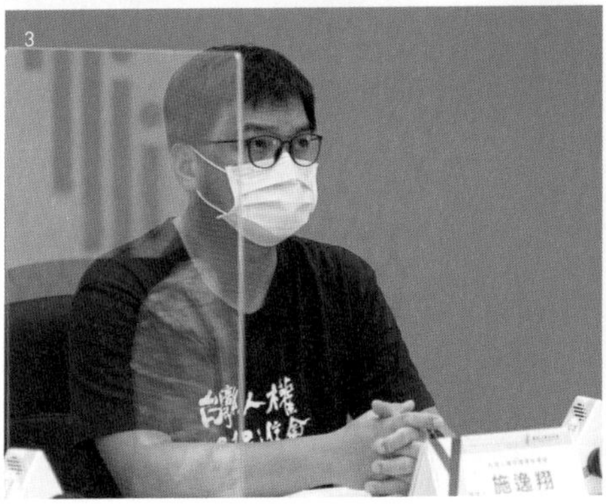

勞動條件場次之與談人：1 監察院蔡崇義委員。 2 魏千峯律師。 3 台權會施逸翔祕書長。 4 勞動力發展署施貞仰署長。

合意就勞動條件加以改善，並合意約定以臺灣法為準據法，儘量適用勞基法。依據他的實務經驗，如果能在契約中，除了約定適用臺灣的法律之外，也合意由臺灣法院調解，很多問題就能獲得解決。雖然這個領域在臺灣勞動法實務不是很成熟，但是未來運作一些案例後，就會改善許多。

台灣人權促進會祕書長施逸翔認為，就算行政院已經責成勞動部研擬ILO-C188公約進行國內法化，但至今仍無定論，外籍漁工在臺灣的完整人權保障，仍只是修飾用的形容詞。因此，倡議外籍漁工人權的民間團體，持續主張應廢除境外聘僱制度、所有外籍漁工應一體適用勞基法，並要求比照聯合國核心人權公約國內法化的方式，儘速讓C188公約國內法化。

勞動部勞動力發展署施貞仰署長，[69]就勞動部主管的境內僱用外籍漁工，其招募、聘僱及生活管理、勞動條件、專案訪查及社會保障等相關規定進行說明。其中包括必須訂立書面勞動契約並應作成移工母國文字的譯本，否則契約無效；雇主發放移工薪資須檢附薪資明細表，並以移工母國文字詳列內容交付移工收存，萬一雇主扣留不發或剋扣時，作為提請救濟之證明。

69 二〇二一年九月初，勞動部人事異動，勞動力發展署署長由副署長蔡孟良升任，原署長施貞仰轉任勞動部參事。

履勘與交流座談

綜整六個調查案件的問題以及各權責機關所提供的執行情形與可行性評估之後，工作小組擬出一個問題清單，準備與各政府機關進行溝通會談，委員們希望在此之前，針對境外聘僱漁工的部分，能實際到一艘靠港的遠洋漁船上瞭解漁工船居生活的狀況，而境內聘僱的漁工，關於他們岸上生活設施設備的情形，則打算再去宜蘭蘇澳實地履勘，瞭解改善的情形。

（一）高雄旗津及前鎮漁港：遠洋漁船

高雄市是我國獨特的漁業重鎮，臺灣的遠洋漁業幾乎全部集中於高雄市，作業中且作業天數達三十天以上遠洋漁船約四百六十艘，遠洋漁業總產量占全國的百分之七十八點九，前鎮漁港更是我國最主要的遠洋漁港，遠洋漁船大部分的漁獲會在國外漁業基地港口卸貨轉銷國外。本次履勘行程目的在瞭解境外聘僱之外籍漁工實際狀況，根據「境外僱用非我國籍船員船居生活照顧服務計畫書審查原則」所列項目，通常也是外籍漁船船員進行國際申訴常見的問題，例如：飲用水、伙食、船上居住環境、緊急安置環境、緊急事故處置、職業安全衛生等事項。遠洋漁船船員靠岸時使用之岸上設施，目前管理單位是高雄市海洋局委託高雄區漁會管理，過去曾有過被批評岸上設施衛浴空間設備不足、港口髒亂等情形。

1 停靠在高雄旗津造船廠的漁船。 2 2021年9月11日委員們前往查看設置在高雄前鎮港區的淋浴設備。
3 陳菊主委、王幼玲委員、王美玉委員、紀惠容委員等人在張致盛署長的陪同下，造訪停靠在前鎮漁港的臺籍漁船豐春36號。

二〇二一年九月十一日，強烈颱風璨樹正從臺灣的東海岸輕輕掠過，高雄的天氣忽晴忽雨卻無風。陳菊主任委員偕同國家人權委員會委員王幼玲、紀惠容以及監察委員王美玉，在台灣區遠洋鮪延繩釣漁船魚類輸出業同業公會（以下簡稱鮪魚公會）的協助安排下，履勘兩艘停靠在高雄旗津及前鎮漁港的遠洋漁船，並透過印尼語翻譯員對外籍漁工進行訪談。

一行人上午前往旗津的造船廠，履勘去年遭美國「童工或強迫勞動生產之貨品清單」點名的臺資萬那杜籍權宜船「大旺號」，並且在船上訪談三名印尼籍漁工；下午履勘停泊於前鎮漁港的臺籍漁船豐春三十六號，同時訪談了四名印尼籍漁工。訪談內容主要包括當事人是否瞭解契約內容、薪資金額與領取狀況、船上工作時間、靠岸間隔時間、船上是否有足夠的乾淨飲水及食物、是否遭受過或看過不當暴力對待、是否知道如何求救或申訴管道等。

結束履勘行程後聽取鮪魚公會的簡報，瞭解業界推動的漁業人權改善計畫，在社會責任方面所做的努力與面臨的問題，並針對國內雇主（船東）可改善的事項，尤其是遠洋漁船本身例如漁工生活照顧、漁工申訴管道以及權宜船的監管等實務問題，進行產官學座談。由中正大學勞工關係學系主任劉黃麗娟教授主持，與會者還包括行政院農業委員會漁業署張致盛署長、高雄市政府海洋局黃登福副局長、財團法人中華民國對外漁業合作發展協會等代表。

遠洋漁業要面對的除了國內的法規、國際的法規，還有區域性管理組織的法規，要成為這個產業的經營者會面臨到國際以及國內經營環境的各種挑戰，包括：臺灣國際地位的問題、來自船旗國的管理、漁工來源國的管理、港口國的管理、市場國的管理、區域性組織的管理還有民間團體的建議等，公會不得不去面對。近年來鮪魚公會從一群勇於改進的船東開始積極尋求改變，希望進而影響所有遠洋漁業的漁船，林涵宇組長在簡報中說明公會所做的努力包含：

- 二〇一七年辦了多場產業溝通會議，向會員介紹漁業改進計畫（FIP）、社會責任，同年度，中西太平洋區域性組織也通過了WCPFC漁船船員之勞動標準決議。
- 二〇一八年時，開始積極制定每週與每日工時表、研究修訂船員的僱傭契約，英國Key Traceability Ltd.第三方公證，也來介紹漁業改進計畫，初期以太平洋長鮪組每半年至一年固定返回國內漁港之漁船公司為合作對象，成立「降低漁業混獲工作小組」與「社會責任工作小組」，積極參與並籌備漁業改進計畫。

- 二〇一九年歐盟執委會就業總署（DG EMPL）在高雄舉辦「漁工工作及生活條件座談會」，帶領歐盟代表實際登船訪查與進行漁船船員對話。公會與漁業署前往印尼參訪船員訓練學校、當地仲介機構、印尼海外漁工安置保護局與醫院健檢中心，瞭解與當地印尼機關合作與訓練船員的可行性。
- 二〇二〇年與對外漁業合作發展協會正式簽約推動「太平洋長鰭鮪漁業改進計畫（FIP）」，在企業社會責任方面，初期以維護漁工權益及發展漁船經營者與漁工之溝通管道為主。
- 二〇二〇年在理事長推動將近五年的時間後終於突破困難與高雄科技大學簽約推動「我國籍漁船之外籍船員幹部訓練計畫」，展開為期二年的外籍船員幹部委訓合作計畫，該課程為全國首創為外籍船員開設的海事人員幹部培訓課程。
- 二〇二一年，漁業改進計畫正式向FisheryProgress網站申請登錄，以後的所有作為都會登錄在網站上。以及與中正大學簽署合作推動科技部二〇三〇跨世代研究計畫，建立以人為核心的遠洋漁業合宜勞動政策計畫。

陳菊主委致詞時提到，環境、社會責任及公司治理（ESG），是國家必須面對的問題，否則以後將會寸步難行，很高興業者願意面對問題、改善問題。

「除了企業社會責任，還有環境、永續、企業治理等責任，已經在全世界風起雲湧，我們不能漠視。」王美玉委員提醒，「漁工的勞動條件如果不改善，漁獲再多也賣不出去。回歸到消費市場，消費者如果不買，問題會很嚴重。」

紀惠容委員也說：「國際的趨勢，從CSR企業社會責任，強調的是企業財務揭露，到ESG環境社會治理，要揭露的事項很多，包括有沒有善待勞工、有沒有濫捕漁獲等，現在更進步到『企業人權』，要求所有的企業要重視人權。」

為何社會責任會對漁業非常重要？劉進興顧問進一步解釋：「大家以為這是人權團體的壓

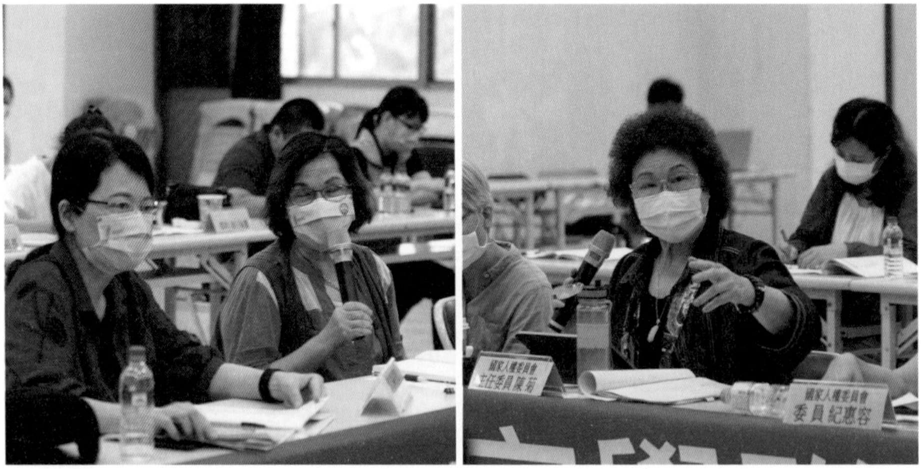

2021年9月11日結束履勘行程後，在鮪魚公會的會議室舉辦產官學座談會，陳菊主委致詞時提到，環境、社會責任及公司治理，是國家必須面對的問題。

力，其實不只是人權團體；大家以為是政府在找麻煩，其實這個是全世界的趨勢；大家以為這是為了臺灣的形象問題，其實是你要不要賺錢的問題。……企業社會責任的要求不可能消失，而且它的壓力會越來越大。尤其漁業比較不一樣，個別企業只要符合要求就能爭取到訂單，但是漁業如果做不好，可能整個國家的漁獲都不准外銷到市場國，只要有一個人不遵守就變成害群之馬。企業社會責任經過二十年的發展，已經不是與企業的獲利對立，而是一致的。你如果不這樣做的話就賺不到錢，這是大勢所趨。」

林涵宇組長表示：「有關ESG環境社會責任，這些名詞對業者是非常陌生的，業者在漁撈技術上非常強悍，但是對這些陌生的文字是不瞭解的，所以希望能多辦一些座談會讓大家瞭解到什麼是社會責任。大家有觀念之後，在討論的時候，很多的問題就會解決。」

產官學座談會中，出席的公會代表。

陳菊主委、王美玉委員、劉黃麗娟教授於座談會前交換意見。

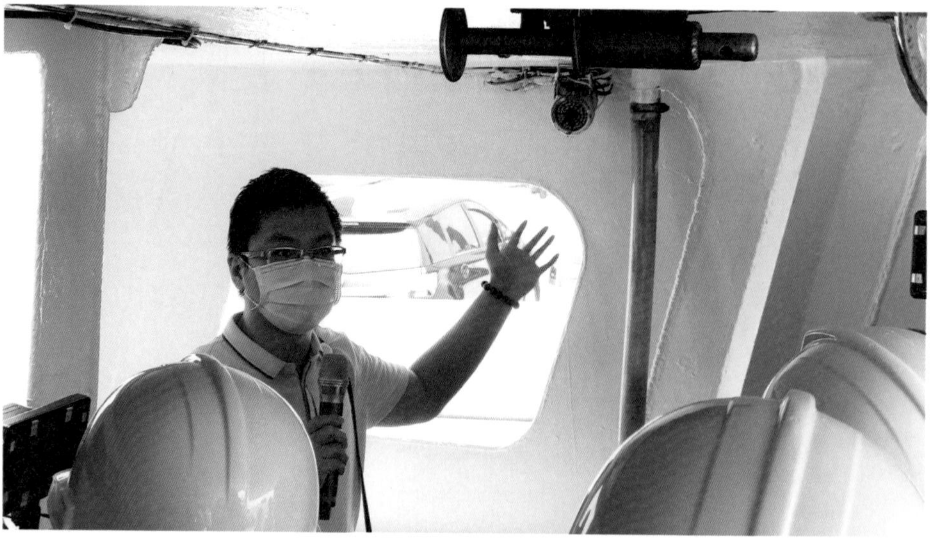

鮪魚公會林涵宇組長向委員們介紹「大旺號」船上設備改善情形

陳菊主委就此議題期許漁業署：「不論是ESG、企業社會責任或者是企業人權，漁業署是否能與公會合作，將全世界各個國家包括歐盟的趨勢、觀念，不管是海洋企業或是一般企業進出口商的要求，讓業者知道，瞭解我們現在面臨的是一個變化太大的世界，別的國家可以用國際的力量影響我們的企業。」

鮪魚公會在後續的座談交流中提到目前遇到護照保管、薪資直匯及手續費，以及工時過長等問題。雇主一旦扣留身分文件，就很可能涉及強迫勞動，然而漁船在進出港登記的時候，需要用到漁工護照正本。業者曾討論讓船員於漁船上自行保管護照可能會遭遇的問題，倘若遇到損毀遺失情形時，至印尼代表處重新申請護照必須到臺北辦理，補辦護照需要新臺幣八千元，漁工是否有能力自行付款辦理新護照？各國駐外單位菲律賓、越南、印尼等，是否能短期內協助遺失或損毀護照之船員，重新辦理新護照，以配合漁船出港作業？這類實務面會遭遇到的狀況，在政策上該如何協助其解決？

在薪資方面，有關剋扣費用導致薪資不符合預期，常常發生爭議。劉黃麗娟教授指出，是否能透過船公司直接給付，會涉及到幾個問題：來源國的船員常常沒有金融帳戶，經過與仲介的討論，菲律賓籍的漁工都已經可以提供帳戶，但是印尼還有部分地區沒有銀行等金融機構，連開戶都很困難。其次，外籍漁工只有停留身分的話可不可以在臺灣設立銀行帳戶？且遠洋漁工並不是都從臺灣的港口進出，當他從第三國的港口進出的時候，又要怎麼處理？

鮪魚公會林涵宇組長表示，有關薪資直匯的問題：「印尼是我們面臨最大的問題，我們到底要給現金還是直匯？他會扣多少手續費？當然以後跟當地國合作之後或許會改善，但以目前的狀況，薪資直匯會是我們很大的問題。在印尼或菲律賓，是不是可以透過相關的公營或民營銀行，透過國家的機制，業者直接把錢匯到當地開立的帳戶之後再去匯給這些船員，減少手續費？」況且現在因為洗錢防制的要求，沒有幾家銀行願意辦理這類匯款。

漁業署也提到在境外僱用的漁工大概有七成根本都不會進到臺灣的港口，所以曾經想過讓漁工在本國銀行開戶，讓船公司可以匯款，卻也無法辦到。張署長表示將來會規範要上漁船之前在當地國——印尼或是新加坡——就先開帳戶，這樣以後除了手續費問題之外，不管怎樣至少薪資一定匯得到。

產官學座談會由劉黃麗娟教授主持

在工時方面，因為漁撈工作不確定性太高，有時會有工時過長的問題，業者會用補休去補，沒有魚可以捕的時候休息、魚汛來的時候工時會長一點，是否能用總工時的定義來解決這樣的問題？

海上的勞動跟工廠的勞動型態確實不一樣，最重要的是要有合理、充分的休息，劉黃麗娟教授指出：「農林漁牧等初級產業的勞動過程有其特殊性，國際公約用另外的方式面對大自然與漁撈的特性，去規範工時。ILO-C188公約沒有規定每一天的特定工作時間，但是強調至少要有十小時不間斷的休息；歐盟針對每天十小時的休息，當遇到重大災害必須要搶救，或是漁撈過程無法中止的時候，特別規定要有二段的休息，一段至少要六小時，另外一段四小時，以及每個月落實至少四天休假。」

王幼玲委員也進一步溝通：「剛剛劉黃老師說得很清楚，C188公約只規範休息時間，不能讓漁工太過疲累違反健康，我們的調查報告中也有提到，

產官學座談會後合影

1 停靠在前鎮漁港的臺籍漁船豐春36號。 2,3 委員們訪視臺籍漁船豐春36號。 4 停靠在旗津造船廠的權宜船大旺號。

5,6 委員們在通譯的協助下，訪談在大旺號工作的印尼籍漁工。 7 陳菊主委特別針對大旺號上設置的申訴信箱，詢問漁工是否知道還有哪些申訴管道。 8 陳菊主委、王幼玲委員、紀惠容委員、王美玉委員等人在張致盛署長的陪同下，造訪停靠在高雄旗津造船廠的權宜船「大旺號」。 9 委員們下午在高雄市長陳其邁的陪同下，訪談在豐春36號工作的印尼籍漁工。 10 接受訪談的印尼籍漁工。

甚至有時候魚來的時候會連續工作超過二十四小時沒有休息，這樣會降低工作效率，也容易發生職業災害，所以至少休息的部分業界要努力去達成。如果有適當的休息，作業的漁工也比較不會抱怨，就是幹部在排班時要多花點心思。」

另外，針對權宜船的部分，劉黃麗娟教授詢問公會，能否透過企業社會責任的自律，不管自己的船懸掛哪一國的國旗，都適用臺灣的最低標準以及相關的規範？鮪魚公會林理事長回應表示：「我本人也有權宜船，但是我的薪水及船員的待遇，與臺籍船是一樣的。現在臺灣很多權宜船大部分都跟上了，不敢說全部，但我看不久都會跟上。」「談到臺籍船與權宜船，當船員靠岸的時候，臺籍船的船員領四百五十美元，若權宜船領二百美元，」林學斌常務理事補充說：「這樣要聘請船員根本就請不到，所以應該不會有這種問題，船員靠岸的時候就會有所比較。」

陳菊主任委員最後總結說到：「今天的安排，讓我們有機會與外籍漁工面對面，也確實感受到他們對自己的權益、即時的申訴管道等等並不是很清楚，他們並不知道自己的不知道，這部分應該要再加強宣導……臺灣只有與全世界人權的標準一致，才能要求全世界支持我們，政府與業者願意一起改善，共同面對國際的監督，這樣我們的海洋產業才能永續，在世界上受到尊重。」

（二）宜蘭蘇澳南方澳漁港：岸置中心

宜蘭南方澳漁場，漁群種類繁多，鯖魚產量佔全國百分之九十，素有鯖魚故鄉之稱，是臺灣三大漁港之一。境內聘僱引進的外籍漁工，總數約一萬名左右，目前在宜蘭的外籍漁工人數有一千六百七十一名。過去監察院對於境內僱用的外籍漁工處境曾經提出兩個調查案，並糾正了勞動部。一個是二〇一九年南方澳跨港大橋斷裂事件，造成多名漁工死傷，凸顯出漁工合宜居住條件保障的問題；一個是二〇二一年針對黑心仲介的管理問題。這二個案件恰好都發生在宜蘭，所以特別安排到宜蘭南方澳漁港，最主要就是要實地瞭解從境內聘僱的管道，以及在沿近海從事漁撈作業的這些外籍漁工，他們在岸邊的生活環境與岸上設施的實際狀況。

於是九月十七日一早，國家人權委員會再次出動，會同相關主管機關前往宜蘭縣南方澳漁港。首先到目前閒置的岸置中心進行履勘，岸置中心現正活化中，將闢建成為「外籍漁工多功能會館」。接著前往南寧魚市場現勘新設流動式淋浴盥洗設備，以及第三拍賣魚市場內，提供外籍漁工的淋浴間增設隔間等設施。隨後，在蘇澳區漁會進行座談，由王幼玲委員主持，與會者包括宜蘭縣副縣長林建榮及宜蘭縣政府團隊、勞動部勞動力發展署蔡孟良署長、農委會漁業署張致盛署長以及蘇澳區漁會蔡源龍理事長、陳春生總幹事等。

陳菊主任委員致詞時語重心長地提到，臺灣漁業在世界佔非常重要的地位，但是這幾年，受到國際社會與民間團體很多的批評，臺灣要成為進步的人權國家，合理對待應該是夥伴關係的外籍漁工，是一個非常重要的課題。

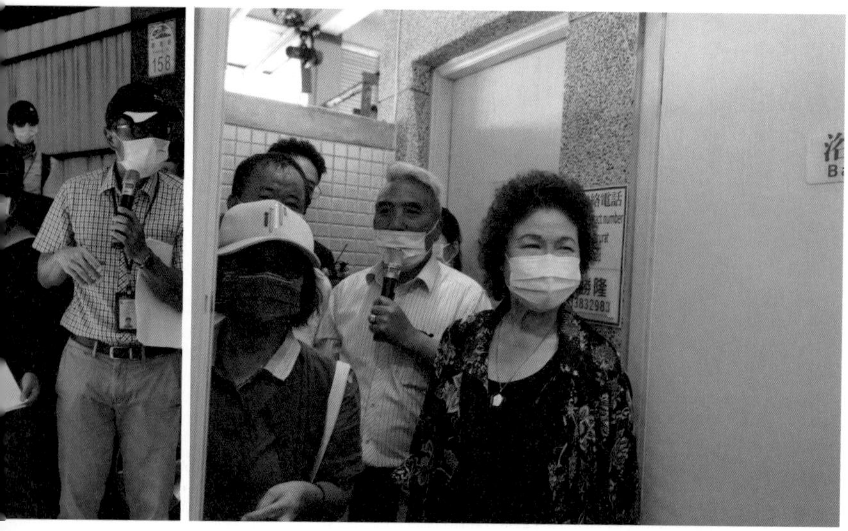

委員們履勘設置在南方澳漁港第三拍魚市場的外籍船員淋浴間

關於岸置中心的設置，是由於一九九四年南方澳「上好三號」海上船屋因颱風翻船沉沒，造成十名中國漁工死亡，中國漁工不能上岸安置的問題引起重視；二〇〇三年起政府調整政策，允許中國漁工隨漁船進港，集中暫置於岸置中心或碼頭區。農委會在基隆、新竹、臺中、屏東、南方澳五處興建岸置中心，以南方澳規模最大，因緊臨海邊，被稱為海景第一排，二〇〇三年啓用後，住宿漁工最多曾達千人，平時也有數百人，由縣府委託蘇澳區漁會管理，產權上漁業署佔有百分之九十。由於岸置中心及附近區域有「境外管制區」限制，僅限中國漁工使用不得轉型它用，後來

2021年9月17日，陳菊主委一行人至宜蘭南方澳漁港訪視閒置中的岸置中心，聆聽解說。

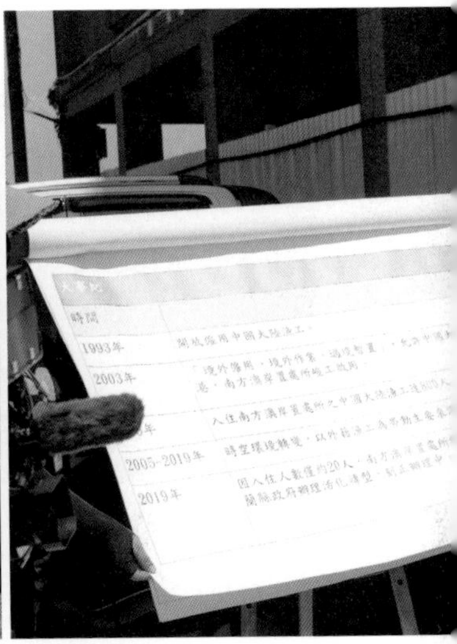

宜蘭縣政府說明南方澳漁港岸置中心轉型為漁工多功能會館的規劃

淪為地方「蚊子館」，使用率低，且建築年久失修、環境雜亂。二〇一九年六月漁業署將「境外管制區」解編，宜蘭縣政府規劃將岸置中心轉型為「南方澳漁工多功能會館」設置外籍漁工住宿、休憩空間。

宜蘭縣政府農業處副處長於簡報時表示，縣政府委託國立臺灣海洋大學進行資訊的收集與規劃，採用產官學合作的方式，參與的行政部門包括勞動部、漁業署、縣政府，也收納雇主、漁工、漁業團體、民間團體的意見。目前在基隆、澎湖都有船員休憩活動中心，提供禱告及盥洗設備，還有興建中之「高雄前鎮漁港多功能船員服務中心」將來會提供住宿及運動休閒的空間，都是縣政府學習參考的對象。從問卷調查結果來看，高達百

1 陳菊主委、王幼玲委員、紀惠容委員、王美玉委員等人在張致盛署長的陪同下，造訪宜蘭南方澳漁港。 2 委員們履勘設置在南寧市場港邊的淋浴盥洗設施。

分之九十二的雇主不願意船員入住會館。不願意的前三大原因，主要是認為會增加他們的成本；其次，現在船員住在船上可以幫他們照顧漁船；第三是漁船在動員的時候如果船員住在船上很方便動員，如果住到漁工宿舍的話就需要較長的動員時間。

問到外籍漁工願不願意入住會館，就算不用支付任何費用，還是會有百分之三十三的漁工願意待在船上。一部分原因是擔心雇主的態度，另外是因為南方澳的生活機能是在港區這邊，岸置所原來是依據《兩岸人民關係條例》所劃設給中國漁工活動的一個特區，因此配置在整個港區最邊陲的地帶，這也是後來要去活化反而最難克服的議題。現在漁工的生活周遭就是南方澳地區生活機能最好的地方，若要去到比較邊陲的地方，距離、生活機能、交通方便性、同儕有沒有一起住在那邊，都可能影響到漁工未來入住的意願。

紀惠容委員想要瞭解為何使用意願不高，追問道：「如果國家願意投資讓岸置中心住宿環境比較舒服，漁工及業主的想法是什麼？請教漁會的代表，怎麼樣你們才覺得方便使用？」就此部分，蘇澳區漁會蔡理事長認為要把岸置中心弄得像飯店一樣：「因為它的位置太偏遠，買東西不方便。把岸置中心蓋好，品質好才有誘因，否則漁工覺得住船上還比較舒適，有冷氣有電視。漁船上沒有人扣漁工的膳宿費，漁工不用出錢，所以岸置中心要訂定一個合理的價格，才能提高漁工進住的意願。」

勞動部提到生活住宿環境時表示，目前勞動部訂定的生活照顧管理相關規範，基本上都是參考ILO-C188公約及船舶設備規則等規定，按照陸居或是船居分別訂定管理的裁量基準，由雇主於移工入國三日內通報，由地方主管機關檢查，檢查不合格則限期改善或由地方政府直接予以裁罰。勞動力發展署蔡孟良署長解釋：「在船居的部分是參考交通部的船舶設備規則去律定，特別要求提供飲用水的部分，明確訂定雇主每天提供每人二公升以上飲用水。陸上居住的部分，例如剛剛去看的岸置所，不管是多少人一間，每人平均一定要達到三點六平方公尺以上。」

漁業署接著說明，有關船上居住環境的改善，二〇一七年生效之ILO-C188公約，對於漁船長度二十四公尺以上或航程超過我國經濟海域或簽署國實施港口國檢查之漁船應立即適用，新建漁船並應符合起居艙之規定。因此，漁業署二〇二〇年十一月就配合ILO-C188公約要求，包括住艙的高度、床鋪的大小以及衛浴的設備，修正了「漁船建造許可及漁業證照核發準則」。為鼓勵漁船改善生活起居空間，如果對漁船增加起居艙空間、數量者，增加之噸位免補足汰舊噸數。漁業署劉福昇組長解釋：「因為我們現在漁船總量管制，如果要增加這些空間就要增加噸數，這些噸數會有費用產生，所以在汰建準則裡修正，如果是增加起居艙的空間，就買別艘漁船的汰舊噸數來補足，不用額外去花費。目前在住艙改善的部分，有二十九艘漁船已經改造、十四艘漁船在改造中，有三艘新建漁船是符合公約標準的。」

至於岸上友善設施的部分，首先是淋浴間，現在漁業署已經補助十八處十六個漁港，也有高雄市政府在前鎮西岸設置的以及民間漁會自己設置的淋浴間，如果有建築物空間的話會優先使用。祈禱室的部分，目前有七處。另外，有些漁船比較大，本來就有住宿空間、衛浴設備，靠港停泊的時候如果要用電還要啓動馬達，也擔心容易造成漁船的危險，所以漁業署在碼頭設置岸電、岸水，讓漁船上面相關的電器設備可以接碼頭的電繼續運作。

座談會中討論最熱烈的議題，是有關漁船船員適用《勞動基準法》八十四條之一的問

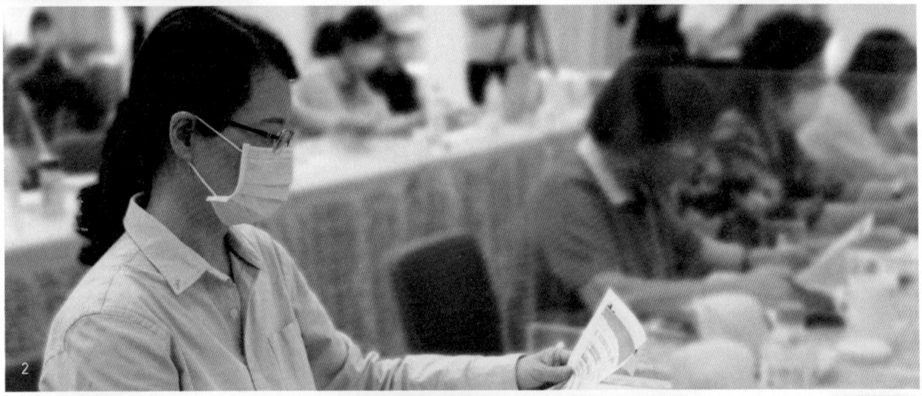

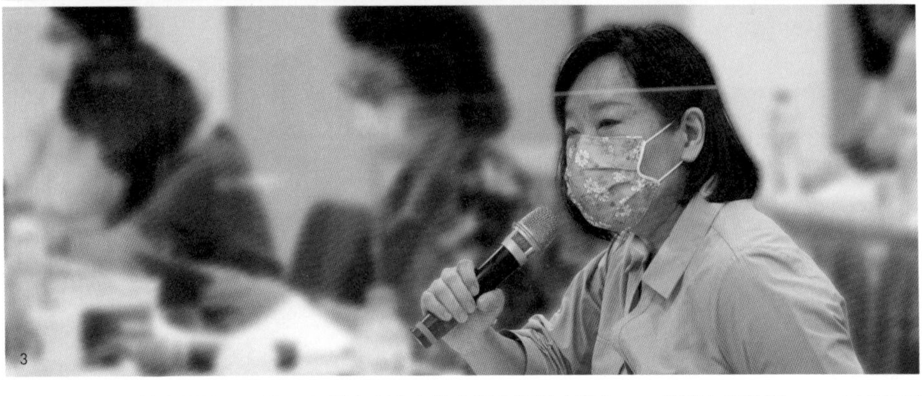

2021年9月17日結束履勘行程後，在蘇澳區漁會的會議室舉辦座談會：1 陳菊主委致詞。 2 王美玉委員。 3 紀惠容委員。

題。截至二〇二〇年十二月，經地方勞工行政主管機關核備勞基法第八十四條之一之漁船船員，共有三十家，總計七十三人。

王美玉委員提到前次來到南方澳的時候，漁會一面倒地要求要讓漁撈業適用八十四條之一，現在境內聘僱的漁工已經可以適用，但卻只有七十三人，顯然並不多。宜蘭縣政府勞工處說明困難之處在於：「漁業的工作型態種類非常多樣化，不同漁船作業的型態很不一樣，例如在工時紀錄方面，對漁船主來說非常困難。我們也在八月底的說明會盡量簡化紀錄的方式，讓漁船主試著去記錄工時，一個月後我們再來看記錄的情形，用這樣的方式來輔導他們看看如何再修正。」

「勞基法八十四條之一簽訂之後，工時、休假、例假不受勞基法限制，站在勞動部的立場是希望核備比較嚴謹，希望雇主是真的有需求才提出申請，所以勞動部一直到了二〇一九年才同意。」勞動部勞動條件及

就業平等司黃耀滄科長補充說明，「當初全國漁會與農委會一起提出申請漁船船員適用八十四條之一，農委會也與勞動部做了很多討論，開放適用之後要有什麼樣的配套。農委會與勞動部一起擬定了一個漁船船員適用八十四條之一工作時間參考指引，還有一個約定書範本，這些內容雖然跳脫了勞基法工時、休假、例假的規定，但是我們把它框在ILO漁工公約的框架裡面，它的休息及工作時間，不能違反國際公約的約定。勞動部希望可以跟地方政府及農委會一起合作，輔導真的有需要的雇主，可以在符合國際公約的框架之下去訂定八十四條之一的約定內容，讓勞工的權益可以獲得保障。二〇二一年除了宜蘭縣有三案十五個船員之外，基隆市也有一家、新北市增加四個漁船船主有簽訂八十四條之一，我們都有持續地追蹤。」

機關溝通會談

從九月底到十月底，這一個月的期間，人權會密集安排與各相關政府機關的溝通會談，根據前面歸納的問題清單與履勘的實際狀況，擬定機關會談的主題，各場次的溝通重點聚焦如下：第一場主題是漁工勞動條件與權宜船管理，第二場談人口販運及強迫勞動之鑑別，第三場談跨國仲介的問題，最後一場焦點議題座談，邀請了NGO、印尼代表處、仲介來談薪資直匯，討論如何才能夠讓外籍漁工的薪水直接入袋，不需要透過臺灣的仲介轉到來源國的仲介再轉交，避免中間剝削或剋扣薪資的問題。

國家人權委員會針對外籍漁工人權議題，在9到10月之間密集舉辦多場座談會。

（一）漁工勞動條件與權宜船管理

● 議題一：漁工勞動條件

討論題綱：

❶ 境外聘僱漁工適用勞基法的可行性，如何有效提升漁工之勞動條件？

❷ 境外聘僱漁工勞動條件落實C188公約情形（例如：健康檢查證明、安全衛生設備、職業災害預防及補償、基本安全訓練、遣返費用等）

❸ 目前漁工聘僱雙軌制下，如何縮短勞動條件之差距？

❹ 外籍漁工申訴管道：如何有效、多元、即時？

漁業署邱宜賢科長針對「境外僱用外籍船員勞動條件之策進作為」進行簡報，提到：目前國內外各界關注的議題主要有七大面向，包括超時工作、工時過長，以及薪資未足額給付，不當對待，船居生活條件待改善，船上飲水、食物供應不足，監管能量不足，以及長期未靠港、海上停留時間過長等七大議題。

【國內外關注外籍船員權益議題】

針對這七大議題，漁業署提出「漁業與人權行動計畫」七大因應策略回應，目前漁業產業界已經體認對於外籍船員的人權維護刻不容緩，必須要重視跟確實執行。希望能夠透過漁業與人權行動計畫，落實保障外籍船員勞動權益，維護漁業勞動人權的普世價值。

勞動部王厚誠司長說明ILO-C188公約國內法化的主政機關是勞動部主責，已經委託國立政治大學做ILO-C188公約國內法化的先期研究。另配合漁業署的「漁業與人權行動計畫」，設置1955申訴專線，提供二十四小時雙語免付費申訴的諮詢服務。針對仲介的管理，依《就業服務法》設立的仲介公司，加強查核密度，同時配合漁業署修正〈境外僱用非我國籍船員許可及管理辦法〉，未來國內仲介均須取得勞動部的許可。未來會加強整個漁業勞動的專案檢查，並將漁撈業列為重點檢查項目，也會配合漁業署，對增聘五十七名漁業勞動檢查員辦理教育訓練，以及針對權宜船的部分，與漁業署聯合檢（訪）查作業。

在國際合作的部分，勞動部與歐盟執委會社會、就業及融合總署，從二〇一八年開始「漁工工作及生活條件專案」三階段的合作計畫，目前已經完成第三階段的座談。其次，針對美國勞動部把我國漁貨列入強迫勞動清單，勞動部也透過美國勞動部的童工、強迫勞動與人口販運辦公室召開視訊交流會議。此外，在二〇二一年六月三十日召開臺美貿易及投資協定架構下，臺美雙方將在TIFA下共同成立勞工工作小組，就打擊遠洋漁船強迫勞動及其他剝削勞工行為進行合作。

漁業署張致盛署長補充說明，境外聘僱漁工適用勞基法的可行性，需要由行政院上位政策決定，但是整個勞動條件的保障，方向沒有錯，有關工時紀錄簿、薪資直接給付等，也是要確保勞動權益能夠受到保障。目前已經把ILO-C188公約所規定的相關規範放進去「漁業與人權行動計畫」，其中社會保險還沒有放進去，因此用救助的方式，增設遠洋外籍船員遭難時的慰問金。

針對保險的部分，勞動部王尚志政務次長建議：「在現行的制度之下，漁船雇主投保商業保險，其保險的種類、項目是不是要擴大，額度要不要提高？一個漁工不管是發生職災或相關的傷亡，雇主的責任會因為保險得到抵充，對雇主來講，相對而言也是一種事前的風險分擔及互助概念。」

申訴管道的部分，漁業署希望能在一年之內把所有的漁船檢查一遍，透過檢查把申訴管道的資訊，面對面的讓外籍漁工知道。張致盛署長表示：「最重要的是，我們會要求仲介在聘僱的漁工上船之前，他該有的權利，有一套完整的資訊給他。還有小卡片也好、網站也好，我們會把我們漁船的條件，或者是這些工作的勞動條件，用不同的語言設置在網頁上，讓這些境外漁工都能夠瞭解。」生活照護採用指引沒有強制力，包括飲水要多少，船上要有什麼樣的設備等，「我們盤點出來，總共要修訂漁業署本身的法規，幾乎是全修。」

關於扣保證金這件事，也會在法規上明訂不能扣，署長說：「為什麼很希望跟印尼建立直接的管道，這中間有很多的環節，國內的仲介、國內的船東，這個都是我們法律可以規範的，……薪資的給付，誰付給你勞動力，你就付給他，至於他跟印尼仲介怎麼一回事，那是他自己去處理，我們該給薪水就是給薪水，絕對不能透過印尼仲介再去匯錢。」

劉進興顧問提到，工資的比較標準，要跟其他經濟發展上差不多的國家比較、跟來臺工作的移工比較，用這兩個標準來看，雖然船東一直覺得成本會提高，但是他們面對的是國際上的制裁壓力，至少應設定一個目標，逐年提高。或者比照勞基法，或是比照韓國、日本。

王尚志次長提到勞資爭議的集體勞動權保障：「有關勞動三權，包含團結權、協商權跟爭議權，也就是工會法、團體協約法及勞資爭議處理法。……因為境外僱用及作業漁工大都在境外海上作業，且工會法規定至少要三十人才能組成工會，架構上要把他納進來，在執行跟實務上確實是有一些困難。建議可以在《遠洋漁業條例》所授權訂定〈境外僱用非我國籍船員許可及管理辦法〉中規範，除了現在建構的申訴管道，在勞動契約裡面，也可以做相關機制的處理，包含爭議的協處方式。」

最後主席王幼玲委員綜合歸納幾個重要的建議：「我們很希望薪資能漸次提高，落實ILO-C188公約來拉近境內跟境外漁工之間勞動條件的差異，社會保險、職災保險的差異，包括在來源國先進行漁工基本訓練……社會保險的部分，是不是透過既有商業保險機制，擴大種類或是提高額度，或者成立一個互助基金來處理。勞資爭議跟終止契約的問題，是不是可以在勞動契約裡面有明文的規範，以及申訴制度等等，提供給漁業署參考。」

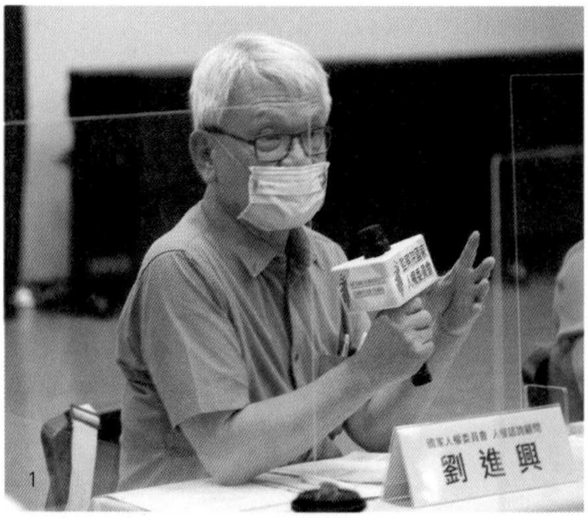

1 國家人權委員會劉進興顧問發言。 2 漁業署張致盛署長說明。 3 勞動部王尚志政務次長針對保險項目提出建議。

●議題二：權宜船管理

討論題綱：

❶ 禁止權宜船的可行性？

❷ 若權宜船無法禁止，應如何加強管理？

❸ 是否禁止入港？不得入港與許可入港兩者之間是否有折衷作法？若漁船不入港如何執行聯合檢（訪）查？

漁業署劉啓超簡任技正針對「權宜船管理議題」進行簡報時，提到二〇〇五年大西洋鮪類保育委員會（ICCAT）通過05-02制裁決議，對臺灣進行制裁，大幅刪減了臺灣鮪釣船的配額、船數，就是因為權宜船的問題。當時漁業署以「遠洋漁業重整方案」推動大規模漁船解體計畫、加強遠洋漁船監控，解體將近一百八十艘漁船，付出很大的代價。[70]政府也覺得對權宜船必須要管理，所以首創訂定《投資經營非我國籍漁船管理條例》，不過這個條例本身是基於上述背景，為了漁業管理上的目的而出發，所以大部分是就漁業非法捕撈的行為做規範。目前漁業署在強化權宜船管理的措施方面有兩大重點方向：

1. 漁業港口國措施：配合聯合國糧農組織（FAO）打擊IUU漁業行為，有關港口國管制的協定，雖然臺灣無法簽這個協定，但二〇一五年時行政院自主性地自願遵守這個協定的精神，並納入到《遠洋漁業條例》中。根據《遠洋漁業條例》授權訂定的〈非我國籍漁船進入我國港口許可及管理辦法〉，農委會於二〇二一年完成修正，若申請入港漁船經營者涉及強迫勞動或人口販運等情事，經國內司法機關起訴，或經國際漁業組織、外國政府通報，主管機關不予許可其入港申請。配合國際的趨勢來打擊人口販運，讓這些已經確定違規的船，斬斷它的生路，不讓它有在國際上活動的可能空間。

2. 修改投資經營非我國籍漁船許可條件：為強化對權宜船漁工人權之管理，農委會已修正〈投資經營非我國籍漁船許可辦法〉第二條、第六條規定，並於二〇二〇年十二月十一日生效施行，明確規範我國人不得有「強迫勞動」或「人口販運」等行為，倘有前述行為者，將不予許可或廢止投資經營非我國籍漁船之許可。

張致盛署長說明，權宜船一旦有強迫勞動或人口販運，經國內司法機關起訴，或經國

70 二〇〇五年十一月，ICCAT第十九屆年會在西班牙塞維爾舉行，大會上，日本直指臺灣放任臺籍漁船違法超捕大西洋大目鮪及洗魚，公布臺灣漁船規避日本港務檢查、將漁獲輸往日本洗魚的具體數量，指控臺灣漁船與IUU漁船有不法聯繫。ICCAT最終做出決議，將臺灣鮪釣船二〇〇六年的配額大砍七成。詳細經過請參見：中華民國對外漁業合作發展協會，《踏浪千行》，遠見出版，二〇一六，頁一五六－一六六。林文謙，〈全球環境治理與國內政治之互動：以ICCAT削減台灣大目鮪配額案為例〉，《政治科學論叢》第五十期，二〇一一，頁一四一－一八〇。

際漁業組織、外國政府通報時：「我就讓你走投無路，你不能到母港，不能回到國內，也不能做相關維修，其他國家、漁業組織如果通報的話，大概也沒有其他地方可以去，有些國家就不讓你的漁獲靠岸卸魚。……有些只是被通報有嫌疑的，就命它進港做相關的檢查。」

未來就權宜船的管理，漁業署表示：短期當然要再強化，中期則是朝向總量管制，不讓它再增加，長期而言並不支持權宜船存在。漁業署的精進作為包括：

【現行非我國籍漁船進入我國港口檢查情形】

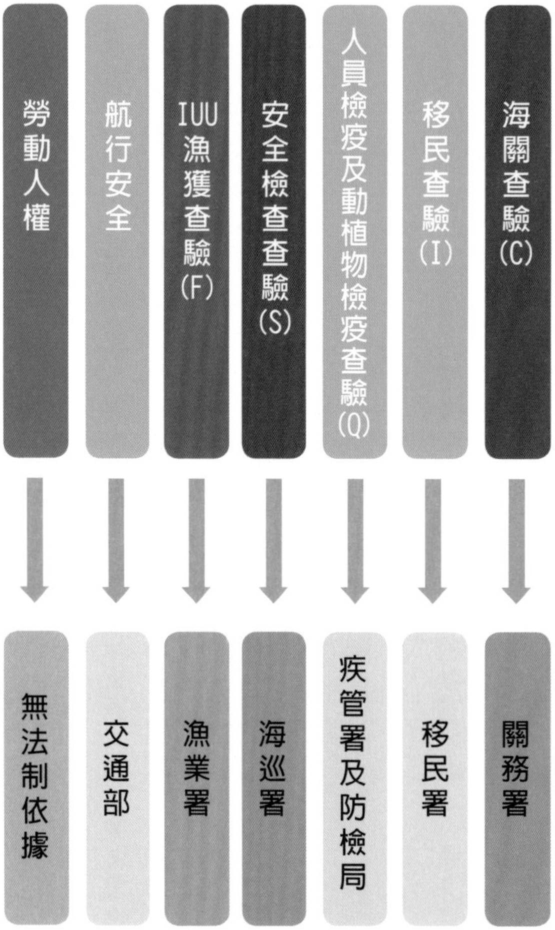

資料來源：漁業署

1.**研議建立聯合檢查機制**：ILO-C188公約內國法化之後，可對外國籍漁船進我國港口涉及勞動權益之檢查提供法源依據；考量國內法化仍需時間，行政院責成農委會邀集有關機關研議如何聯合檢查。由於外國籍漁船／權宜船靠港的時候，港口檢查的部分，包括海關查驗、移民查驗、動植物檢查、安全檢查、IUU漁獲、航行安全等，目前都可以做港口國檢查，唯獨勞動人權的部分尚欠缺完備的法源依據可以進行勞動檢查，因此參考ILO就C188公約之港口國管制（PSC）指引進行規劃。

2.**強化國人投資經營相關法規**：有關權宜船僱用船員之勞動條件，將朝符合ILO-C188公約標準方向研議，漁業署刻正蒐集紐西蘭等國之相關資料，參酌國際相關案例及實踐情形，在符合國際法原則及不妨礙船籍國管轄權前提下，研議相關法規納入漁船僱用船員等勞動條件之可行性。

3.**通知船籍國強化管理**：對於國人經營的權宜船涉及違反《人口販運防制法》部分採取措施外，並依《海洋法公約》或《聯合國打擊跨國有組織犯罪公約關於預防、禁止和懲治販運人口特別是婦女和兒童行為的補充議定書》之規定，將相關證據移請船籍國處罰。

勞動部王厚誠司長補充關於聯合檢查：「勞動部均會配合漁業署通知進行檢（訪）查，例如今天早上一艘諾魯籍漁船，本部昨天就立即請職安署南部中心同仁配合漁業署上船訪查。目前我們會做勞動條件及職業安全衛生兩個部分的訪查，但是因為船隻是權宜船，沒有職安法的適用，所以基本上是用訪查名義進行。」

「關於權宜船部分，依照一九八二年《聯合國海洋法公約》第九十一條、九十二條及第九十四條，涉及船籍國所享的權能，因我們不是船籍國，在執行管轄上來講，漁業署確實也有為難之處。至於當權宜船停靠我國港口時，港口國當可視情狀進行檢（訪）查。這個部分，勞動部職安署可以配合協助，我想沒有問題。」勞動部王尚志次長進一步說明，「當查到相關問題時，還是要回到他的船籍國去，因為涉及《聯合國海洋法公約》的規範。」

王幼玲委員提到因為調查的關係，請外館幫忙找到臺灣投資的權宜船跟漁工訂的工作規則、契約，裡面每一條幾乎都犯了強迫勞動的條文：「老實說那個契約就是賣身契，你一看就知道他就是人口販運或強迫勞動。」

紀惠容委員就報告內容再追問漁業署：「既然對於權宜漁船長期是往不支持方向，然而到底有沒有對短中長期的管理措施訂出幾年計畫？有什麼策略可以達到總量管制的目標？」

王美玉委員說到：「監察院的調查報告曾提到，雖然是權宜船，若發現它有問題的話，我們可以把相關證據移請船籍國來處罰，但漁業署十年來沒有移送過任何一件，以後是否可以再加強？」

「大家對於權宜船詬病的兩個部分，一個是IUU，第二個部分就是勞力剝削，只要這兩個能禁止，我想權宜船是一個正常的僑外投資行為。」張致盛署長從漁業管理立場說明為何不支持權宜船存在，「漁業配額分配，多依據過去各國在該海域捕撈實績，作為主要分配依據，這些船籍國既然沒有實績，而是靠別人的漁船，跟你的國民經濟沒有相關，理論上來講，就漁業的管理是不應該支持。」

至於總量管制的時程，漁業署認為要視其他法規的完備程度，比較能具體說明如何管制，屆時再來評估總量。劉啓超簡任技正說明：「可能在某些的法規或面向稍微再完整一點，我們再來評估總量。總量訂完之後，就像以前我們漁船也有所謂的總量管制，就像汰建政策一樣，就是你要一條船下來，一條船才能上去，這樣就可以做一個總量管制，大致是這樣的方向。」

張致盛署長表示，最近已將相關違反勞動人權的案件通知當地國家，對於權宜船，過去區域性漁業組織大概只針對IUU漁業行為，沒有關注漁工人權，如果透過區域性漁業組織效果會更好。現在有越來越多國家注意，以後透過這樣的方式就會更好。關於權宜船的船籍國是否有意願合作打擊不法，張致盛署長說出了關鍵：「萬那杜跟塞席爾其實相當親中，所以我們要直接跟他面對面的機會不大，我們在當地應該都沒有外館，所以大概透過FAO他們的代表，或者就直接透過國際組織來協助，但是效果都不大。……我們去十次，他可能回應一次，不是那麼容易。」

最後主席王幼玲委員綜合歸納權宜船管理的重點：「漁業署提出來的策進作為，有短中長期的總量管制以及不支持權宜船等，算是相當明確的政策宣示。最重要是法規的部分，還是需要修正，因為投資審查時的很多附帶條件都要納入法規的規定才有辦法進行。與船籍國的聯繫，確實有些困難，不過我們的政策就是透過船籍國、市場國等，國際合作共同打擊違反IUU跟勞動人權的漁船，我想這是一個好的方向。……最怕的就是只講不做，如果有方向、期程，在漁業與人權行動方案，短中長期應該有一些指標跟檢核機制，我想應該會慢慢看到成績。」

1　座談會主持人王幼玲委員。　2　王美玉委員提問。　3　漁業署邱宜賢科長針對外籍漁工勞動條件進行簡報。　4　紀惠容委員提問。　5　漁業署劉啓超簡任技正針對權宜船議題進行簡報。　6　勞動部王厚誠司長說明勞動部目前對外籍漁工人權議題的作為。

會議總結

❶ 現行境外聘僱漁工適用《勞動基準法》確有窒礙，重點在於落實C188公約並拉近境內、境外聘僱漁工間勞動條件的差距，才能向外界說明採雙軌制、分流管理也可保障其勞動條件。

❷ 漁工薪資應能漸次提高，例如參考基本工資調漲機制等，並加強來源國之漁工先期訓練，落實職災預防及基本安全訓練，分級訓練成效亦可作為給薪或調薪參據。

❸ 關於漁工的社會保險、職災保險應努力達到和境內漁工相同的保障，或可研議透過商業保險機制，提高額度或擴大保險給付種類。

❹ 漁工與船東之勞資爭議及終止契約問題，建議在勞動契約內明文規範類似機制，並強化漁工的申訴制度及協處方式。

❺ 漁業署針對權宜船（FOC）管理，提出短、中、長的策進作為，以及長期總量管制或不支持權宜船等政策宣示及方向，相關法規入法仍須積極推動，審查等作為始有依據，漁業與人權行動計畫也應訂定指標及檢核機制，以評估執行成效。

❻ 目前在權宜船與船籍國聯繫上雖有困難，但透過市場國、國際合作來共同打擊從事IUU漁撈及違反勞動人權的漁船，是好的政策方向。

❼ 漁工勞動定型化契約各種文件以及權宜船檢查、訪查部分，請勞動部多給予漁業署專業協助，培養違反強迫勞動態樣之敏感度。

❽ 建議政府部門仍應與民間團體多做溝通，使其了解實務執行上為何達不到要求以及困難之處，增進彼此的理解，使其願意先與政府協商、解決問題。

（二）人口販運及強迫勞動之鑑別

● 議題一：人口販運鑑別

討論題綱：

❶ 如何建立適當鑑別指標？

❷ 如何明確區別強迫勞動與勞資爭議？

依據《人口販運防制法》，人口販運之態樣，分為性剝削、勞力剝削與器官摘除三種類型。其中，勞力剝削指：以不法手段使人從事「勞動與報酬顯不相當之工作」。根據第二條定義，可將人口販運構成要件區分為「剝削目的」、「不法手段」及「人流處置行為」三要素，對於未滿十八歲之受害人僅需具備「剝削目的」及「人流處置行為」二要素即可。[71]

71 人口販運構成要件：
1. 剝削目的：
(1) 性剝削：是否從事性交易？
(2) 勞力剝削：其從事之勞動是否與其實際獲得之報酬顯不相當？
(3) 器官摘取：是否遭摘除器官？如是，遭摘除何器官？

2.不法手段（是否遭不法手段對待？）

強暴、脅迫、恐嚇、拘禁、監控、藥劑、催眠術、詐術、故意隱瞞重要資訊、不當債務約束、扣留重要文件、利用他人不能、不知或難以求助之處境、其他違反本人意願之方法。

3.人流處置行為（是否遭販運？）

招募、買賣、質押、運送、交付、收受、藏匿、隱避、媒介、容留。

被害人被害時之年齡為十八歲以上者，須同時具備剝削目的、不法手段及人流處置行為三要素，未滿十八歲者，具備剝削目的及人流處置行為二要素即可。

若符合上述要件，無論加害人、被害人為「本國人」或「外國人」，即屬人口販運。

國際勞工組織（ILO）為了幫助第一線刑事執法人員、勞動檢查員、工會幹部、NGO非政府組織工作人員及其他人員等，有效辨認可能處於強迫勞動狀態以及需要緊急協助之勞動者，依據第二九號《強迫勞動公約》宗旨提出十一項強迫勞動判斷指標，這些指標是由ILO打擊強迫勞動特別行動方案（Special Action Programme to Combat Forced Labour; SAP-FL）的理論及實務經驗彙整而來。在特定情形下，單一指標之出現，在某些案例中即意味存在強迫勞動。然而，大部分情形需要同時辨識出多項指標，綜合評估，從而指出強迫勞動之情形。指標如下：[72]

72 參見勞動部「ILO強迫勞動指標」手冊。

- 濫用弱勢處境
- 孤立
- 扣留身分文件
- 欺騙
- 人身暴力及性暴力
- 扣發薪資
- 行動限制
- 恐嚇及威脅

法務部朱華君主任檢察官首先說明：「人口販運被害人鑑別原則」第三點提到「司法警察人員在調查案件的時候，必須注意相關人員有沒有屬於疑似人口販運被害人的情形」，總共列了八點，另外還有一個附件「人口販運被害人鑑別參考指標」，透過這個指標可以提供給所有司法警察機關，甚至檢察官做參考，鑑別這個是不是人口販運被害人。

依照參考指標，針對被害人是否遭到勞力剝削有三項指標：工作情形如何、實際取得報酬的情況如何、工作與實際獲得的報酬是否顯不相當。除了這三個指標之外，下面還有一些細項，例如工作情形如何、工作內容、工時、加班情況、可否拒絕加班、工作環境如何、有沒有提供安全的措施或裝備、有沒有負擔約定工作以外的工作等，提供一些很具體比較細項的內容給司法機關做判定。

若與國際勞工組織（ILO）所提供的強迫勞動判斷指標對比來看，十一項裡面其中濫用脆弱處境、欺騙、行動限制、孤立、人身暴力及性暴力、恐嚇及威脅、扣留身分文件、扣發薪資、抵債勞務，這九項指標實際上已經包含在《人口販運防制法》第二條第一款，以

2021年10月8日，第二場機關溝通會談。

及第三十二條所規定的不法手段。至於另外二項指標：苛刻的工作及生活條件、超時加班，雖然在法條的定義裡面沒有，但是可以含括在上述「人口販運被害人鑑別參考指標」所載「勞力剝削」之參考要領，綜合整體來判斷。

關於如何明確區別強迫勞動與勞資爭議，法務部認為，刑事案件的事證調查會因為事證的不同而隨之流動，即所謂的「動態性鑑別」，讓被害人可以即時獲得權益保障。在被害人的判定可能會比較寬，縱使認為這個被害人

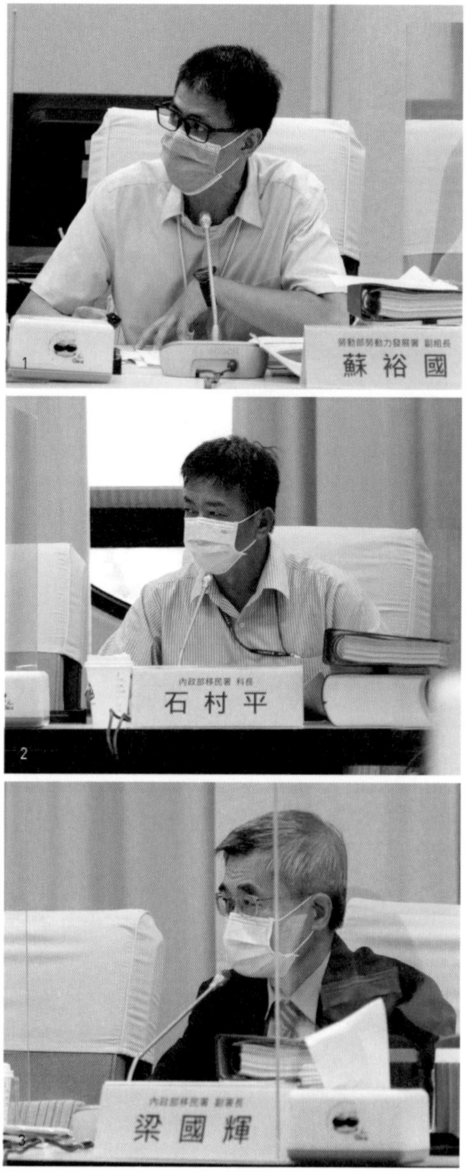

1 勞動部蘇裕國副組長發言。 2 移民署石村平科長發言。 3 移民署梁國輝副署長發言。

是屬於勞力剝削，檢察官還是必須就被告的行為是不是該當《人口販運防制法》第三十二條、第三十三條所規定的構成要件來進行調查，有犯罪嫌疑就會提起公訴。至於個案是人口販運還是屬於勞資爭議，還是要就事證的調查而定。

勞動部勞動力發展署蘇裕國副組長接著說明：適用《勞動基準法》之行業或工作者，雇主是否違反《勞動基準法》第五條，涉個案事實認定。勞動部於二〇一六年以勞動條一字第1050130308號函提供「ILO強迫勞動指標」予相關部會及各地方勞工行政主管機關參考。地方勞工行政主管機關經綜合判斷，如認為雇主有強迫勞動行為之嫌，可檢具有關證據資料移請地方檢察機關偵辦。

有關於人口販運鑑別的指標，國際的標準是以國際勞工組織第二九號《強迫勞動公約》規範的十一項指標做為基準。目前法務部所定的鑑別原則參考指標分成剝削目的、不法手段、人流處置行為，所以勞政主管機關在參考這個指標上，也會就個案的情形判別。

勞動部對於移工的申訴管道已經成立1955勞工諮詢申訴專線，提供二十四小時全年無休雙語的服務，這個專線如果接獲疑似人口販運案件，就會派請勞政主管機關、司法警察機關，特別是內政部移民署的專勤隊去進行查處。二〇二一年截至九月底，1955專線受理通報的疑似人口販運案件大概有三件，後續也移請司法機關做鑑別，其中有一件經過1955的識別通報之後鑑別為被害人，另外二件鑑別不是。

移民署石村平科長特別提到，國際間對於人口販運尚無一致性定義，各國係依據其文化、風俗民情及其自身需求，各自訂定，且目前並非每個國家均訂有防制人口販運專法。移民署參考ILO提出之強迫勞動十一項指標、法務部「人口販運被害人鑑別參考指標」，刻正研擬「外籍漁工疑似遭勞力剝削檢視表」，這個檢視表目前是草案，除了對照ILO強迫勞動指標一項一項去檢視外，由於在海上的時間有時候很短，所以盡量採取勾選的方式，必要的時候可能就不讓被害人簽名，將來第一線的漁政跟勞政人員，可以在公海上船做檢查，或者在岸邊做檢查，這個檢查不分國籍別，權宜船也包含在內。

黃齡玉組長進一步舉例說明。譬如「濫用弱勢處境」有三個指標：第一，「船主不曾提供我熟悉母國語言的工作契約，或不准我保留正本或影本」；第二，「船上的管理幹部對我施行嚴重不當的懲罰，我也不知道申訴管道」；第三，「將我轉聘到其他漁船且未重新簽訂契約」。這三個指標很具體地去回應漁工的弱勢處境，指標之後再透過不法具體手段，讓指標更淺顯易懂。將來檢視表做出來之後要翻譯成各國語言，讓漁業署、海巡署第一線同仁使用，漁工自己拿到的時候也可以檢視，有哪幾項已經符合了。

海巡署於今年六月已經頒訂了〈涉嫌人口販運查緝的標準作業流程〉，指導所屬依照標準作業流程來偵查。王需楓科長指出，二〇二〇年以來依照舉發以及相關機關的通報，調查疑似人口販運案件大概做了鑑別有十案、三十人，目前有五案、十九人是涉及人口販運，已經移送。常常因為證據資料的取得不易，造成在強迫勞動與勞資爭議判別上是有一些困難。

海巡署王需楓科長發言

移民署黃齡玉組長發言

針對遠洋漁船僱用外籍船員的部分，漁業署二〇一五年訂定「遠洋漁船涉嫌人口販運防制法爭議訊息受理通報及後續處理標準作業程序」，規範通報的程序。漁業署劉啓超簡任技正說明：「主要的訊息來源大概分兩個方面，漁業署有一個對船員訪查的計畫，這個訪查計畫除了在遠洋漁船進國內港口的時候，由漁業署的訪查員去對船員進行訪查，看有沒有一些異常或不合規定的地方。另外，也跟勞動部合作1955申訴專線，或者與民間團體合作，比如高雄的海員或海星教會，或甚至在東港的FOSPI漁工組織都有受理通報，只要通報案件進來，我們都會把它列為專案調查，再進一步地處理。」

● 議題二：提升執法人員辨識強迫勞動能力

討論題綱：

❶ 如何改善人口販運防制執行人員探求被害人真實同意之技巧，釐清勞資爭議與強迫勞動的差異，提升對人口販運定義的認識？

❷ 如何具體提升第一線執法人員、勞動檢查員、移工業務訪查員、諮詢服務人員及地方政府承辦人員對於人口販運案件之辨識能力？

❸ 目前相關人員之人權教育訓練、人口販運查緝專業訓練之辦理情形？

法務部朱華君主任檢察官表示在二〇一六年會以法檢字第10504543540號函，請各檢察機關積極偵辦我國境外僱用外來船員的《人口販運防制法》案件。另外，在偵辦案件的時候，對於被害人有探求被害人真實同意的技巧，如果被害人是外籍人士，會準備特約通譯名冊，並連結法院、勞動部、內政部移民署的通譯人才資料庫，讓他們可以充分地陳述意見。如果被害人使用的語言是特殊語言，檢察官亦可聯繫相關駐臺代表處或有公信力之團體協助提供通曉被害人所使用語言之在臺人士名單，以維護傳譯品質並保障被害人之訴訟權益。宜蘭地檢署去年十二月起訴一件勞力剝削的案件，也請這位檢察官在研習會中分享辦案的經過。

海巡署王需楓科長提到：「對於相關案件的偵辦大家的經驗還是比較不足，所以陸續這幾年都有借重移民署的協助，在整個教育訓練上每年都會增加教育時數，要求同仁針對這個案件的偵辦上能夠有一定的敏感度。」

主席紀惠容委員接著請出席的各部會輪流說明，發現每個部會都辦理不少相關的訓練，甚至有種子教官的訓練。因此再進一步追問：「第一線的工作人員有多少人是應該被訓練？訓練的比例覆蓋率有多少百分比？」理論上依照各部會的訓練規劃來看覆蓋率都很高，再從訓練覆蓋率討論到進行的方式，希望講課的講師盡量用案例的方式說明，不要只是法條的教學。

1 陳菊主委致詞。 2 主持人紀惠容委員說明。 3 第二場機關溝通會談，討論人口販運及強迫勞動之鑑別。
4 法務部朱華君主任檢察官發言。 5 王幼玲委員說明。

王幼玲委員肯定移民署訂定的工作指引以及檢視表，對於執法人員會有很大的幫助。也可以讓漁工及漁船主清楚瞭解這些指標，大部分漁船主並非故意要違反強迫勞動法令，尤其這又跟他所捕的漁獲能不能銷出去有很重要的關聯，如果有更清楚的指標與實例，也能讓漁船主知道並遵守。

紀惠容委員總結道：「其實是有一點擔心我們未來的漁業發展是不是還有這麼多的機會跟競爭力，因為當國際開始看重人權的時候，如果我們還是被列為強迫勞動的漁獲，對我們的漁業發展是不利的。所以如何去溝通讓業者意識到、願意善待漁工，這非常重要。要不然可能連船長、連漁工都找不到了，臺灣的漁業還能怎麼發展？」

【人口販運防制相關法規（資料截止日期二〇二一年十月五日）】

主管機關	名稱	備註
內政部	人口販運防制法	法規類別：行政＞內政部＞移民目
內政部	人口販運防制法施行細則	法規類別：行政＞內政部＞移民目
內政部	人口販運被害人及疑似人口販運被害人安置保護管理規則	法規類別：行政＞內政部＞移民目

主管機關	名稱	備註
內政部	人口販運被害人停留居留及永久居留專案許可辦法	法規類別：行政>內政部>移民目
內政部	沒收人口販運犯罪所得撥交及被害人補償辦法	法規類別：行政>內政部>移民目
內政部	接辦外來人士之人口販運案件工作指引（含附件1-7）	依據內政部一一〇年一月二十六日內授移字第1100910236號函
內政部移民署	司法警察機關辦理人口販運案件協調聯繫要點	九十八年六月八日移署專一安字第0980080933號書函訂定發布全文十六條
內政部移民署	內政部移民署辦理人口販運被害人申請專案居留作業流程	一〇六年九月二十八日移署移字第1060108619號函修正發布
內政部移民署	內政部移民署辦理人口販運被害人安全送返原籍國（地）作業流程	一〇六年九月二十八日移署移字第1060108619號函修正發布
內政部移民署	內政部移民署辦理人口販運被害人專案許可永久居留證核發作業流程	一〇六年九月二十八日移署移字第1060108619號函修正發布
內政部移民署	內政部移民署辦理疑似人口販運案件通報作業流程	一〇六年九月二十八日移署移字第1060108619號函修正發布
內政部移民署	內政部移民署收容所發現疑似人口販運被害人通報作業程序	一〇六年九月二十八日移署移字第1060108619號函修正發布

主管機關	名稱	備註
內政部移民署	內政部移民署辦理人口販運被害人申請專案許可停留證作業流程	一〇六年十月二十三日移署入字第1060117111號函修正
內政部移民署	內政部移民署辦理人口販運被害人申請臨時停留許可證作業流程	一〇六年十月二十三日移署入字第10601171100號函修正
內政部移民署	強化打擊海上人口販運案件工作指引	**尚在研訂中** 含「受理外籍漁工疑似遭勞力剝削案件處理流程」及「外籍漁工疑似遭勞力剝削檢視表」等內容
內政部移民署	受理外籍漁工疑似遭勞力剝削案件處理流程	**尚在研訂中**
內政部移民署	外籍漁工疑似遭勞力剝削檢視表	**尚在研訂中** 參考國際勞工組織（ILO）提出之強迫勞動十一項指標及法務部「人口販運被害人鑑別參考指標」綜合訂定
行政院	人口販運案件處理流程	九十八年七月二十日行政院防制人口販運協調會報第十三次會議修正通過
法務部	人口販運被害人鑑別原則	法務部九十八年二月十三日法檢字第0980800534號函修正

主管機關	名稱	備註
法務部	附件：人口販運被害人鑑別參考指標	法務部九十八年二月十三日法檢字第0980800534號函修正
法務部	檢察機關辦理人口販運案件應行注意事項	法務部九十八年六月二十六日法檢字第0980802522號函訂定發布
法務部	人口販運案件偵查流程	法務部九十八年八月十七日法檢字第0980803504號函頒修正
勞動部	人口販運被害人工作許可及管理辦法	法規類別：行政〈勞動部〉就業服務目
勞動部	持工作簽證之人口販運被害人與疑似人口販運被害人安置保護及費用墊付處理要點	一〇六年六月十九日勞動部勞動發管字第10605081311號令修正發布名稱及全文十七點
行政院農業委員會	我國境外僱用非我國籍船員之遠洋漁船涉嫌違反人口販運防制法爭議訊息受理通報及處理標準作業程序	行政院農業委員會一〇九年二月四日農授漁字第1081339344號函修正 附件： 表1證物資料表 表2外來船員詢問表 表3漁船船長(管理幹部)詢問表 表4農委會漁業署疑似人口販運案件通報表 移送書附件一覽表

會議總結

❶ 本次外籍漁工人權專案報告係國家人權委員會第一次與行政部門合作、協作，一起促進人權的案件。本場次聚焦討論人口販運及強迫勞動的鑑別與訓練，期望藉由各別場次的座談與對話，聚焦瞭解行政部門之推動進展及面臨問題，協作商議未來解決對策及努力方向。

❷ 關於人口販運鑑別的指標，國際上以國際勞工組織（ILO）第二十九號《強迫勞動公約》規範的十一項指標做為判斷強迫勞動的基準，目前十一項指標已納入我國鑑別指標的項目內。

❸ 1955專線等第一線人員需有足夠的訓練，尤其是具體案例的運用，以便在第一時間接觸到受害人時，能辨識出是強迫勞動或是勞資爭議；此外，也應使所有的雇主、民間團體、勞工皆很清楚十一項指標的內涵，在對話時才能有相同的語言。

❹ 內政部正積極研議《人口販運防制法》修法，也規劃訂定「強化打擊海上人口販運案件工作指引」，研議採用檢視表的方式，對照ILO十一項強迫勞動指標做檢視，使第一線漁政及勞政人員，在公海上船檢查，或在岸邊檢查時，可以快速地判別，將來司法警察偵辦亦可較有效地處理。

❺內政部移民署於本次會議提到正草擬中的十一項鑑別指標及檢視表等草案，請先送本次國家人權委員會外籍漁工專案的委員參考。

（三）仲介管理

● **議題一：本國仲介管理**

討論題綱：

❶ 無論境內、境外聘僱之漁工失聯率均高於其他產業類別之移工，如何強化境內漁工仲介之管理，杜絕淪為黑市勞工？如何要求境外漁工核實申報，以納入監管，確實掌握船上人員？

❷ 勞動部及農委會漁業署對於仲介機構的管制差距極大，規範差異的理由為何？如何拉近差距並強化仲介機構之管理？

❸ 我國仲介機構受權宜船委託在境外聘僱外籍漁工的行為未受相關規範，如何納入仲介管理？

❹ 曾遭申訴之仲介機構有集中在少數幾家的現象，失聯移工也集中在少數幾家仲介，為何每年的評鑑機制未能找出黑心仲介達到獎優汰劣的目的？如何強化評鑑的公信力，有效監督仲介機構？

2021年10月18日，第三場機關溝通會談，討論仲介管理。

在跨國的勞動力移動中，仲介扮演非常關鍵的角色，仲介機構已經是勞動供給系統的一部分，相當程度介入了勞工與雇主之間的勞動關係，為避免中間剝削，依照《就業服務法》，人力仲介是特許行業，必須經過主管機關核准。正因為跨國人力仲介通常是為雇主居中媒合廉價勞動力，一旦管理不善、監督機制不足，不良仲介很可能成為勞力剝削、人口販運的嫌疑人。

監察院的調查報告中，有外籍漁工被黑心仲介故意通報失聯後，非法轉入「黑市」淪為黑工，因此監察院對勞動部提出糾正。顯然仲介機構的監督管理機制，有必要全面檢討。而漁業署主管的五十幾家境外聘僱漁工的仲介機構，在規範上相對簡單許多，境外聘僱的漁工如果仲介或是漁船經營者沒有核實申報，就無法掌握漁工實際的聘僱情形，這些漁工形同海上幽靈勞動力。

主席王美玉委員提到：「我們調查的那個案子就是一個人靠行二十五艘漁船，勞動部值得關注跟檢討的是，在這個案子裡其實雇主、船東有檢舉，他沒有聘漁工不曉得為什麼被仲介申請境內漁工。第二個是有受害漁工打1955申訴他發生職災，但沒有被處理。一年失聯移工高達一百多位，這樣的仲介公司評鑑怎麼過關？」

勞動部勞動力發展署薛鑑忠組長表示目前人力仲介是採許可制，仲介外國人來臺工作必須要經過勞動部的許可，目前仍有效的人力仲介公司有一千六百二十一家，許可一次是二年，二年到期之後必須要重新申請許可。勞動部為了管理人力仲介訂有相關法規，明定許可規範，例如公司資本額五百萬、保證金三百萬等，另外訂有一些消極資格，例如負責人不得有違規紀錄，仲介公司每年必須要參加評鑑，二年評鑑是C級就讓它退場，不予換證。

按照各類別的失聯發生率來看，漁工的比率確實是特別地高。勞動部為了降低境內僱用漁工的失聯率，採取四項強化仲介機構管理之措施：建立定期查核及淘汰機制、加強仲介機構查核密度、加強查緝仲介機構不法超收費用情形、仲介機構涉及人口販運經起訴後即廢止設立許可。國內仲介引進移工的前三個月，如果發生行蹤不明達一定比率，就會予以罰鍰六到三十萬，理由在於：在入境之前仲介必須要善盡選工責任；入境的三個月內，必須善盡生活的輔導措施，確保雇主跟移工之間的關係融洽，所以會課予仲介公司責任。另外，如果超過比例，二年換證時也會不予許可。

勞動部王安邦政務次長補充說明，失聯移工本身是一個很複雜的因素，失聯的移工大概會落在來臺灣半年到二年之內：「不良的仲介當然有可能會造成移工的失聯率提高，我們現在課責仲介其實有一個期限，不可能移工已經來三年、五年，都要求仲介對移工失聯要全然負責。當到達一個期限，譬如一年之後如果還失聯，恐怕就跟仲介端不一定有全然的關係，這個就相對複雜，不管是移工從自己的就業環境，仲介從他的管理，到雇主從他提供的薪資待遇等等，會是多面性。」

漁業署劉啓超簡任技正說明遠洋漁船境外聘僱船員及仲介運作的架構：「漁船業者透過這個管道跟臺灣的仲介合作，其實他們分工的關係很複雜，基本上至少三個面向：仲介必須做好跟船員家屬的聯繫，或是有意外事件發生的話要協助處理，如果船主委託薪資給付的話，要確實把薪資匯給船員及家屬。……另外臺灣仲介會找國外仲介合作，以前常被詬病的就是國外仲介會透過他的人脈，就是當地的掮客——簡稱牛頭——去找當地鄉下的人來臺灣當船員。」

薛鑑忠組長回應監察院有關黑心仲介的調查報告，提到為了避免發生仲介公司謊報移工行蹤不明的情形，在源頭的管理機制上，有兩點強化措施：「第一個是在審核端的部分，現在只要是雇主提出申請，都會用電話連繫雇主確認。第二個補強措施，過去移工被謊報行蹤不明，事實上移工自己也不清楚，因為我們的廢止處分並沒有辦法送達給移工，所以勞動部

『LINE@移點通』正在建構主動推播的功能，未來當雇主通報移工行蹤不明的時候，我們可以透過『LINE@移點通』主動告知移工：你已經被通報行蹤不明，經勞動部廢止聘僱許可，如果有疑義請向勞動部、1955專線、地方政府等反映。」

漁業署劉啓超簡任技正則回應有關境外漁工，如何核實申報、避免幽靈勞工的問題。他提到現行申報管制機制，是從四大面向來管制：一是國內部分，進出我國港口，基本上由安檢單位查核是否許可僱用。國外的部分有三個管道，在申報僱用的時候必須檢附出港船員名單據以比對。其次，國外港口、基地港口，國外專員卸魚檢查時，收取進港名單，報回來做比對。第三，在中西太平洋公海登檢時查核，有時候也會再

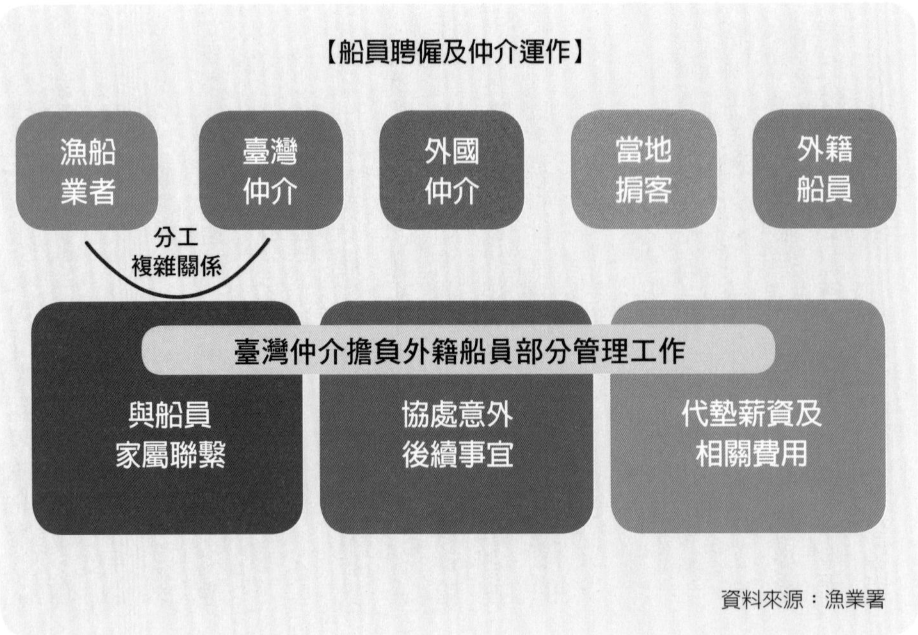

比對船員的名單。不過在國外港口的部分，劉啓超補充說明：「有些港口因為國際政治環境關係，當地國也不許我們正式派員去檢查，未來希望能安排第三方檢查來協助收集進港的漁船名單。」

漁工引進雙軌制的部分，因為有不同的法律、不同的主管機關，薛鑑忠組長認為在行政院「漁業與人權行動計畫」架構下，如何讓兩套制度能夠齊一，是行政院以及勞動部、農委會大家共同努力的方向。劉啓超簡任技正表示，漁業署希望跟勞動部的仲介管理一致，漁業署現正檢討修訂管理辦法，研議增列業者須依勞動部〈私立就業服務機構許可及管理辦法〉許可之仲介，作為申請成為境外僱用漁工的仲介條件之一，藉以拉近與勞動部差距。

對於外國船，尤其是權宜船，以前基於尊重船籍國管轄，並未規範仲介外國權宜漁船的部分，劉啓超簡任技正表示，漁業署現正檢討修訂管理辦法，規定臺灣的國內仲介對外國漁船仲介船員的業務，若發生人口販運、強迫勞動情事，涉及仲介權責有關的話，經我國檢察機關起訴或國際漁業組織、其他國家舉報確認屬實，將廢止仲介機構之核准。

主席王美玉委員提到，臺灣的仲介可以去仲介境內境外的漁工、權宜船的漁工，甚至仲介外國漁船的漁工，最被詬病的就是去仲介中國漁船上的外籍漁工。中國漁船上的勞動條件很差，但是仲介公司是臺灣人，所有的帳都算在臺灣的頭上。接著王美玉委員肯定漁業署的努力：「從歐盟的黃牌，到美國強迫勞動製品清單的這些議題，我們的確有看到漁業署非

1 主持人王美玉委員。 2 王幼玲委員發言。 3 紀惠容委員提問。 4 陳菊主委致詞。

常努力，重罰了非法的仲介，那時候漁業署受到一些壓力，因為仲介也反彈很大。」

王幼玲委員也肯定漁業署將權宜船的仲介納入管理，是一個積極的做法：「只要是本國的仲介公司，雖然它仲介境外的漁工給權宜船，也要納入管理，我覺得這是一個進步。」

在仲介評鑑的制度方面：勞動部從二〇〇七年就開始推動仲介評鑑，評鑑指標有四大項，針對C級的部分加強訪視，如果二年C級的仲介公司，會讓它退場。根據統計二〇一五至二〇二〇年，因為評鑑二年C級退出的總共有二十六家。漁業署則提到跟民間團體合作，在評鑑委員會的組成上，從二〇二一年起就有一個民間團體代表作為評鑑委員，當年底召開評鑑會議的時候，也邀請三個民間團體代表列席會議，提供建議。未來仲介評鑑改進的方向，將比照勞動部精簡評鑑列等，從原來四級改成三級，以便更快速地反應評鑑的結果或處分。

勞動部出席人員

薪資給付的部分，配合未來的「漁業與人權行動計畫」，漁業署已經開始訂定指引把一些給付更明確化。就仲介的部分，希望仲介協助金錢給付能夠單純，主要是以前透過國外仲介再轉付給當地船員薪資，發現很多的案子都是臺灣船主或臺灣仲介有把錢給對方的仲介，可是對方仲介出了問題，船員反映的時候，最後歸責到臺灣好像沒有給錢。所以這部分正在修法，不能透過國外仲介來給付。張致盛署長說：「我們發現國外的仲介更為複雜，薪水一定不要再透過他們。……我們一再跟船主講，誰幫你付出勞力，你就付錢給他，你不要去管他欠誰錢，那是兩件事情。」

【境內聘僱及境外聘僱漁工之仲介管理比較】

	境內聘僱外籍漁工之仲介	境外聘僱外籍漁工之仲介
主管機關	私立就業服務機構依《就業服務法》規定須經主管機關核准始得從事之特許行業，欲經營職業介紹及其他就業服務事業者，若為仲介本國人於國內工作，應向地方主管機關申請許可；若為仲介外國人至國內工作或仲介本國人至國外工作，應向中央主管機關勞動部申請許可。	農委會於二〇一七年一月二十日訂定發布〈境外僱用非我國籍船員許可及管理辦法〉，在此之前自然人可從事仲介不利管理；新訂辦法強化管理機制，仲介機構資格限於漁會、漁業公會、漁業團體或我國公司，排除以自然人身分從事仲介。另仲介機構負責人或代表人曾犯人口販運罪，經有罪判決確定者，不予核准。

保證金制	依〈私立就業服務機構許可及管理辦法〉第十四條規定，應繳交由銀行出具金額新臺幣三百萬元保證金之保證書，作為民事責任之擔保。	依仲介人數規模繳交保證金，由一百五十萬至五百萬元分四級。 未履行契約中有關工資等應履行義務，得以保證金抵償。
仲介機構家數	實際有引進境內外籍漁工的仲介機構家數，約介於七十二至一百一十一家之間。	仲介機構維持在五十六家上下，以公司為最大宗，無漁會及漁業公會，有二家漁業團體。
人數統計	境內外籍漁工失聯情形相較於其他產業移工嚴重，二〇一五至二〇二〇年境內漁工失聯發生率（百分之五點三二～百分之十三點九六）高於一般外籍移工（百分之二點七三～百分之四點〇二）約二至三倍，失聯漁工有集中在部分仲介機構的現象。截至二〇二〇年十二月底，境內聘僱漁工之人數一萬一千三百四十三人，滯臺行蹤不明之境內漁工有兩千一百人，以印尼籍一千四百一十六人為最多。	二〇二〇年境外聘僱漁工之人數為一萬九千六百四十二人，二〇一一至二〇二〇年間，每年境外漁工發生行蹤不明之人數介於三百九十九人至八百二十二人。目前僅規範漁船經營者（船東）應填具外籍漁工僱用或異動名冊，報請漁會或公會登錄後備查，並未規範仲介機構。
仲介評鑑	依據〈私立就業服務機構從事跨國人力仲介服務品質評鑑要點〉勞動部以公開評選方式委託廠商執行該評鑑要點。評鑑結果分為A、B、C等三級置於該部網站。 「直轄市及縣（市）政府訪察從事跨國人力仲介私立就業服務機構執行計畫」，依仲介公司服務品質評鑑成績訂定不同訪查密度。	農委會漁業署採委託方式辦理評鑑相關行政事務，近二年承接該計畫之廠商為「財團法人臺灣兩岸漁業合作發展基金會」，評鑑成績分為甲、乙、丙、丁四級。

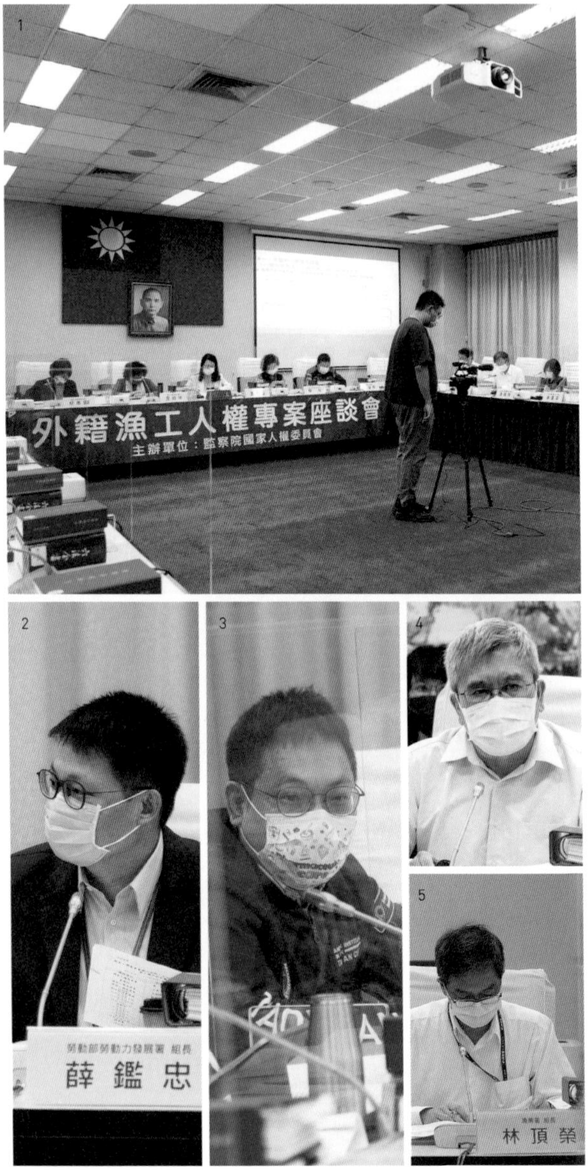

1 第三場機關溝通會談，討論仲介管理議題。 2 勞動部勞動力發展署薛鑑忠組長簡報。 3 勞動部王安邦次長補充說明。 4 漁業署劉啓超簡任技正簡報。 5 漁業署林頂榮組長補充說明。

議題二：研議合作之外國仲介標準及條件

討論題綱：

❶ 對於與我國合作之外國仲介公司如何明定標準予以篩選？

❷ 如何規範投資經營漁船者以及我國仲介，不得與非法外國仲介合作？

勞動力發展署薛鑑忠組長說明，與我國合作之外國仲介的標準及條件，明定在〈私立就業服務機構許可及管理辦法〉第十六條，[73]規定外國人力仲介公司辦理仲介其本國人至我國從事《就業服務法》第四六條第一項第八款至第十款規定之工作，應向勞動部申請認可。臺灣的仲介用許可、國外的仲介用認可，如果沒有經過認可，基本上不能從事這樣的業務。目前四個主要的移工來源國，經過認可的有效仲介家數是五〇九家。

73 〈私立就業服務機構許可及管理辦法〉第十六條：
「外國人力仲介公司辦理仲介其本國人或其他國家人民至中華民國、或依規定仲介香港或澳門居民、大陸地區人民至臺灣地區，從事本法第四十六條第一項第八款至第十款規定之工作者，應向中央主管機關申請認可。
外國人力仲介公司取得前項認可後，非依第十七條規定經主管機關許可，不得在中華民國境內從事任何就業服務業務。
第一項認可有效期間為二年；其申請應備文件如下：
一、申請書。
二、當地國政府許可從事就業服務業務之許可證或其他相關證明文件影本及其中譯本。
三、最近二年無違反當地國勞工法令證明文件及其中譯本。
四、中央主管機關規定之其他文件。
前項應備文件應於申請之日前三個月內，經當地國政府公證及中華民國駐當地國使館驗證。
外國人力仲介公司申請續予認可者，應於有效認可期限屆滿前三十日內提出申請。
中央主管機關為認可第一項規定之外國人力仲介公司，得規定其國家或地區別、家數及業務種類。」

設立的標準主要有兩項認可的條件：第一，要檢附當地國政府許可從事就業服務業務之許可證，等於是當地國經過許可的仲介。第二，最近二年無違反當地國勞工法令。二年要重新認可一次。

合作的標準上，還有一個是仲介許可及管理辦法第三十一條，[74]外國人力仲介公司或其從業人員在其本國曾受與就業服務業務有關之處分等情形，勞動部得不予認可、廢止或撤銷其認可。在不予認可事項裡面也有提到，如果仲介的外國人入國後三個月內發生行蹤不明，超過規定的比例，將不予認可。這部分與國內仲介都是同一個比例，這個規範等於是兩邊的仲介都會受到處罰。

74 〈私立就業服務機構許可及管理辦法〉第三十一條：
「第十六條之外國人力仲介公司或其從業人員從事就業服務業務有下列情形之一，中央主管機關得不予認可、廢止或撤銷其認可：
一、不符申請規定經限期補正，屆期未補正者。
二、逾期申請續予認可者。
三、經其本國廢止或撤銷營業執照或從事就業服務之許可者。
四、違反第十六條第二項規定者。
五、申請認可所載事項或所繳文件有虛偽情事者。
六、接受委任辦理就業服務業務，違反本法第四十五條規定，或有提供不實資料或外國人健康檢查檢體者。
七、辦理就業服務業務，未善盡受任事務，致雇主違反本法第四十四條或第五十七條規定者。
八、接受委任仲介其本國人或其他國家人民至中華民國工作、或依規定仲介香港或澳門居民、大陸地區人民至台灣地區工作，未善盡受任事務，致外國人發生行蹤不明失去聯繫之情事者。

九、辦理就業服務業務，違反雇主之意思，留置許可文件或其他相關文件者。
十、辦理就業服務業務，有恐嚇、詐欺、侵占或背信情事，經第一審判決有罪者。
十一、辦理就業服務業務，要求、期約或收受外國人入國工作費用及工資切結書或規定標準以外之費用，或不正利益者。
十二、辦理就業服務業務，行求、期約或交付不正利益者。
十三、委任未經許可者或接受其委任辦理仲介外國人至中華民國境內工作事宜者。
十四、在其本國曾受與就業服務業務有關之處分者。
十五、於申請之日前二年內，曾接受委任仲介其本國人或其他國家人民至中華民國境內工作，**其仲介之外國人入國後三個月內發生行蹤不明情事達附表二規定之人數及比率者**。
十六、其他違法或妨礙公共利益之行為，情節重大者。
中央主管機關依前項規定不予認可、廢止或撤銷其認可者，應公告之。」

「目前國外的仲介公司歸來源國律管，但是要經過勞動部認可，如果違反規定，就會撤銷或者是廢止認可。」薛鑑忠組長進一步針對委員的詢問說明，「依據我手邊帶來的資料，過去經過我們廢止的大概有一百二十八家國外的仲介，以國籍來分，印尼比例最高，有七十三家。至於國外的主管機關有沒有針對國外的仲介進行管理，這部分因為屬於其他國家的法律規範，我們比較沒有辦法去介入。」

至於怎麼透過機制把關，防止本國仲介機構跟非勞動部認可的外國仲介機構合作？目前在移工引進的機制上，第一個必須簽勞動契約，這個勞動契約是經過移工來源國驗證的勞動契約。

此外，移工來臺時須檢附來源國主管部門驗證之「外國人入國工作費用及工資切結書」，切結書須載明經勞動部認可之外國仲介機構，以及勞動部許可之國內仲介機構。這個切結書上面的四方簽署，包含雇主、移工跟兩邊的仲介，且經過移工來源國主管部門的驗證。目的就是要確保移工來臺之前，能完全掌握他的勞動條件，包含未來膳宿費的扣款，也讓他清楚知道，如果有借貸他來到臺灣可能要付出多少的借貸成本。進來之後，不能為不利益於移工的變更。希望在來源國端就能做一個把關。移工在我國駐外館處辦理入境簽證時，需檢附驗證後之工資切結書，作為入境申請文件。

國外仲介跟國內仲介的關係是複雜的，問題也很多，必須要透過跟來源國的合作，目前跟來源國定期召開雙邊會議，請移工來源國依權責積極查處不法之外國仲介機構。

漁業署劉啓超簡任技正說明，漁業署跟來源國的政府目前還沒有建立對接的合作管理安排，之前是由國內的仲介著手，國內仲介跟外國合作的名單必須要申報給漁業署，是比較低度的管理。劉啓超簡任技正說：「因為我們這邊沒有對接，所以是從對方國家合法仲介公司的名單來著手，我們在最近一年也發現一些國內仲介所申報的對方合作的仲介沒有在名單內，我們都先去行政指導，要求它立即改善。」

漁業署現正檢討修訂〈境外僱用非我國籍船員許可及管理辦法〉，明定合作之外國仲介公司資格，除來源國與我國有漁業合作者外，外國仲介公司需經該國仲介管理權責機關核准登記，並檢附證明文件。也就是說，跟外國合作的仲介，必須是來源國政府當局許可登錄的合法仲介，本國仲介與非法外國仲介合作者，將課予停業處分。經調查申訴案件有外國仲介涉及不法違規情事者，將通報來源國政府續處。另外，前面也曾提到很多的問題是來自薪資給付，國外仲介這邊也要修訂管理辦法，禁止外國仲介代為轉付船員工資，以確保船員薪資獲得確實且足額給付。

有關規範漁船的經營者以及我國仲介，不得與非法外國仲介合作的部分，漁業署現正檢討管理辦法，明訂禁止經營者直接透過外國仲介辦理自行僱用，違者逕依《遠洋漁業條例》第四十二條規定，處以罰鍰或予以收照。

主席王美玉委員詢問：「漁業署提到要修法禁止經營者直接透過外國仲介公司自行辦理聘僱，意思是以後自己不能聘，一定要透過仲介？」

漁業署林頂榮組長補充說明：「從排除自然人之後，要透過仲介機構聘僱，我們現在也發現很多船主雖然是直聘，但實際上是透過國外的仲介。這國外的仲介也許是臺灣人經營，譬如曾經碰過在新加坡或馬來西亞，有一些臺灣人經營的仲介公司，遠洋漁船就直接去新加坡，透過外國的仲介公司去找人。跟國內申報的時候就說『我是直聘』，是由雇主直接跟漁工簽約，事實上他中間是透過第三方。所以要輔導我們的漁業公司，透過國內合法的仲介公司來處理、解決這個問題。」

另外談到安全訓練部分，劉啓超簡任技正說明：「漁船工作最主要考量的就是基本的安全訓練。臺灣的漁民上船的話，也會受到一個基本安全訓練才能拿到漁船船員手冊。以前聽說有些來源國訓練不是那麼扎實，好像是給了錢就有結業證書，就可以領船員證。尤其印尼這邊，我們透過駐處在洽談，是不是請那邊推薦比較能夠信賴或較有規模的訓練中心、訓練所，我們這邊的鮪魚公會或者小釣協會是有這個意願，去跟這些訓練所洽談，以後盡量從談好的訓練所訓練出來的人，來引薦僱用，這樣可以確定他確實有受到這樣基本的訓練。」

漁業署張致盛署長感慨表示，臺灣的漁業僱用外籍漁工是不可能走回頭路了，漁業工作的特殊性已經不是用待遇所能解決的，必須要面對這樣的問題。署長說：「我們本來的理想是仿照日本，它有一個訓練學校，訓練之後就上日本的漁船。但是因為臺灣的狀況，境外僱用的部分，大概整體來講才一萬多、二萬人左右，而且訓練越久就是成本越高，誰願意來負擔這些成本？這個方式跟業者討論之後機會不大。目前想到的就是去跟來源國合作，印尼有很多這種漁工的訓練所、訓練學校，我們跟它合作，有意願的雇主可以透過這個訓練管道。」

會議總結

❶ 現行評鑑制度運行多年，仲介多已熟悉評鑑程序及因應方式，未來在評鑑指標的項目、權重及配分方面，建議應評估調整，以適度提升鑑別度，例如，仲介涉及失聯移工或強迫勞動之違規處分，配比應相對提高，並加強查察密度。

❷ 移工直聘手續及應附證明文件等作業程序，可研議能否加以簡化，直聘系統亦可增加不同語言文字，提升雇主與移工直接對接之可能性。

❸ 逃逸移工受到非法仲介引介之剝削問題，比合法仲介更嚴重，此類仲介既非合法仲介，即未加以納管，管理權屬應予釐清，並加強查緝非法媒介。

❹ 漁業署主管之五十幾家境外聘僱漁工仲介機構，與勞動部適用《就業服務法》之仲介管理相較，規範上有所落差。未來應精進管理，使規範一致，辦理境外聘僱漁工之國內仲介亦需取得勞動部許可。

❺ 關於國外仲介之管理，漁業署目前研議方向，係擬透過約束國內的仲介，進而間接地約束國外仲介，例如：國外仲介如非移工來源國之合格仲介，當國內仲介與其合作時，將不予許可。

❻ 境外漁工僱用的仲介比境內聘僱更為複雜，仲介可能負責發薪水、管理漁工。部分境外漁工的仲介公司，還仲介權宜船甚至外國籍漁船的漁工，必須再強化管理。建議薪資不再透過雙邊仲介轉發，以避免層層剝削。

（四）外籍漁工薪資直匯問題及解決方式

討論題綱：

❶ 目前境外漁工薪資給付的金流與仲介代墊薪資的問題。

❷ 境外漁工之雇主如何全額直接給付薪資？雇主是否可委託國內仲介公司撥付薪資？由國內仲介代付薪資之權利義務關係，如何釐清雇主與仲介的責任？

❸ 漁工來源國每位漁工於上船之前，先開立好個人帳戶是否有困難？印尼漁工家屬在印尼提領銀行帳戶裡的金額，會不會有困難？跨國匯款之手續費支出？印尼銀行還未在臺完成分行的設立之前，有何替代方案？

❹ 是否有必要利用第三方支付？可行性及手續費問題如何克服？

❺ 境外漁工薪資給付方式改變後，執行上可能有哪些困難需克服？

二〇二一年九月初在前鎮漁港的產官學座談中，提到了薪資直匯遭遇到的困難。境外聘僱的外籍漁工，常常沒有足額領取到應有的薪資，導致他的權益受損。監察院的調查報告中也揭露，仲介機構與漁船經營者之間形成的代墊文化，可能導致責任不易釐清的結果。仲介在船東支付薪資前，承受墊付大筆薪資的壓力，可能將境外漁工如期履約的擔保，轉嫁至來源國仲介，當地仲介再將風險移轉給漁工，最後受害仍是這些外籍漁工。且境外漁工的薪資，無論是由我國仲介機構先為船東代墊支付，或是透過來源國仲介轉匯入漁工指定的帳戶，漁工均有可能在層層轉手之下，遭到剝削、剋扣薪資。因此由漁船經營者將薪資直接支付給漁工或直接匯入漁工指定的帳戶，可以避免層層的剝削。

到底薪資要現金支付還是匯款？在船上領現金方便嗎？是不是可以透過國內外銀行，船

2021年10月27日，外籍漁工薪資直匯問題焦點座談： 1 主持人王幼玲委員。 2 王美玉委員提問。 3 陳菊主委致詞。

東直接把錢匯到當地開立的帳戶之後再轉去給這些漁工？這涉及到來源國的漁工甚至有些人沒有金融帳戶，其中還有手續費過高的問題。又因為遠洋漁船上的漁工並不是都會從臺灣的港口進出，大約有七成不會進到臺灣的港口，會到臺灣的遠洋漁工，大概是像蘇澳這些在鄰近周邊海域工作的遠洋漁船，或者是東港有一部分，以及魷魚船、秋刀魚船，這些會回到臺灣。其他像鮪延繩釣或圍網船的漁工可能沒有到臺灣的機會，因為這些漁船通常出海三年到四年之後回臺灣做整補，否則它就是在海上作業，然後停靠國外的港口。再加上現在對於洗錢防制的要求很嚴格，因此境外漁工是否能夠在我國銀行開戶也同樣發生問題。

漁業署首先說明現行的規定，境外僱用外籍船員每月工資不得低於四百五十美元，工資也必須要全額直接給付給船員，而且漁船經營者要自備工資清冊記載薪資的給付紀錄，並要保存五年，經營者也不可以預扣工資或巧立其他的名目剋扣船員費用。由於目前漁船業者普遍會透過臺灣仲介來協助薪資轉付的工作，臺灣仲介會再經由國外仲介將薪資交付給外籍漁工，這樣的薪資給付方式會產生船員端沒有辦法全額領到應有薪資的問題。

針對這個問題，邱宜賢科長說明漁業署打算採取的改善措施，包括：「外籍船員在上船前的借款，在定型化契約裡面要載明借款項目；透過國內外仲介轉交薪資的部分，未來會透過修正管理辦法，明確要求不得透過國外仲介轉交薪資給船員。在預扣保證金的部分，會規定不可以巧立名目收取相關的費用，也會加強經營者跟仲介的查察來強化管理。在匯率以及手續費用的部分，未來會修正管理辦法，要求經營者足額給付並負擔所有相關的手續費用。」

漁業署邱宜賢科長簡報

羅秉成政務委員致詞

依據以上改善措施，漁業署提出未來漁船經營者給付薪資的三種方式：

第一，透過雇主直接給付給外籍船員，留下紀錄。第二，基於目前管理量能的可行性以及漁船主實務面的管理考量，臺灣仲介的角色還是有存在的必要性，所以保留由國內仲介轉付的方式，並會明確要求留下清楚的紀錄。至於外國仲介部分，未來將不可以轉付薪資，避免在國外仲介部分被強制扣款，產生一些問題。第三，透過銀行直接匯款的方式，例如未來印尼BRI銀行在國內設立分行之後，透過國外銀行在臺分行就可以匯款，把薪資匯到外籍漁工母國的個人帳戶或是他指定的帳戶。

行政院羅秉成政務委員針對「漁業與人權行動計畫」中，與薪資給付保障有關的項目說明：「這個問題應該分三個層次：第一種是雇主根本不給，這部分相關的課責要如何強化。第二個層次就是雇主有給，但是沒有轉出去，……現在他們認為

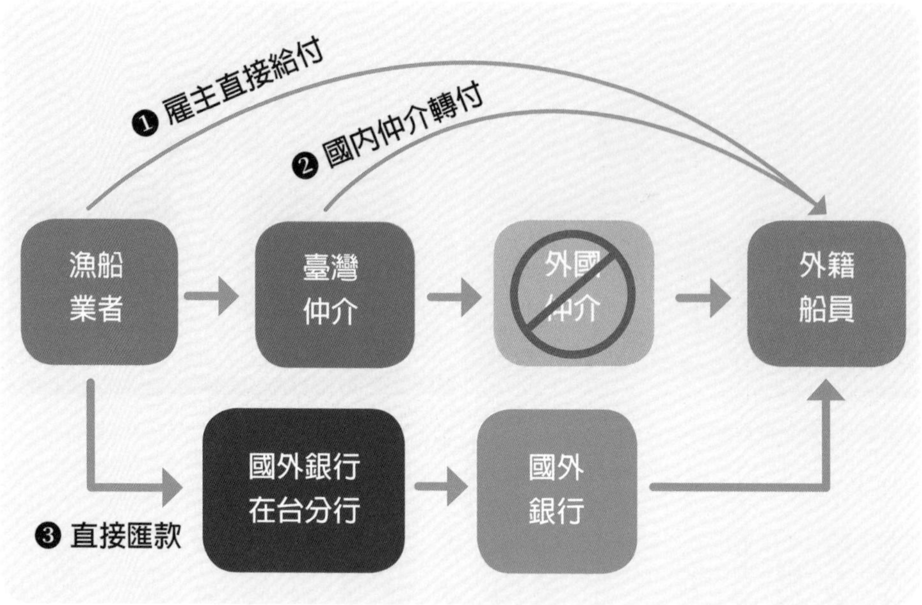

資料來源：漁業署

不應該用國外仲介來轉錢，國內仲介幫忙轉薪資如果還有存在的必要和功能的話，沒有轉出去責任算誰的？那個法律關係，到底仲介居中是代收還是代付？……代付是雇主把錢給仲介公司幫忙付，等於仲介公司是他的代理人而已，所以仲介公司錢沒有轉出去，雇主還是有那個責任要去負責給付薪資的最終義務。第三個層次，不管是仲介給還是雇主直接給，假設用匯款的方式，再怎麼算都會產生相關的費用，由誰負擔？……我們利用這一次行政院要推出『漁業與人權行動計畫』的決心，嘗試把這個長年沒辦法解決的問題，尋求一個突破性的解決。希望大家促進對話，尋找共同解決的方案。」

銀行公會兆豐銀行林湘蘋襄理

說明，臨櫃匯款大部分的銀行收費標準都是按照匯款金額的萬分之五計收，每筆手續費最低大概新臺幣一百至一百二十元，最高新臺幣八百元，每通郵電費是新臺幣三百元。因為外籍移工的匯款金額不是很高，以平均來講，一通匯款費用大概是新臺幣四百至四百二十元左右。因為實務作業上銀行匯款都會透過國外中間銀行，中間銀行的手續費可能約十五至二十五美元不等，美元是透過美國的中間銀行轉匯，所以可能是美國轉匯的中間銀行收的。也有一些銀行與外商銀行配合推出印尼快捷匯款服務，除了每筆新臺幣四百至四百二十元手續費之外，中間銀行不會再扣手續費。

出席的仲介代表，春朝公司陳春朝董事長、禾宙鑫公司王文浪經理，反映印尼端的收費混亂：「匯去印尼的匯款，有時候你匯一萬塊美金，到船員那裡可能只有九千塊，他們收的不是這裡的匯款手續費而已。我們今天把兩個船員的薪水從臺灣的銀行匯去印尼，那邊不同的銀行收的費用不一樣，移工收到後找我們問，我們給他看匯款單據，我們匯過去的金額，兩個人都一樣，但是到印尼不同的銀行，他們收到的金額就不一樣，不像臺灣匯率不會差很多。」

印尼人民銀行王恩得總經理說明在印尼開設銀行帳戶只需要印尼的身分證，如果是十七歲以下的國民也可以用學生證開戶：「我們印尼人民銀行在全印尼有將近一萬間的分行，除此之外，我們在全印尼的每個村莊也跟一些無分行代理人（Agent BRILink）合作，他們可以執行銀行基本的業務。這種無分行代理人有很多，有五十萬多代理人合作協助我們在每個村莊執行這些業務。我相信一萬間分行加上這五十幾萬的無分行代理人可以支應我們全印尼

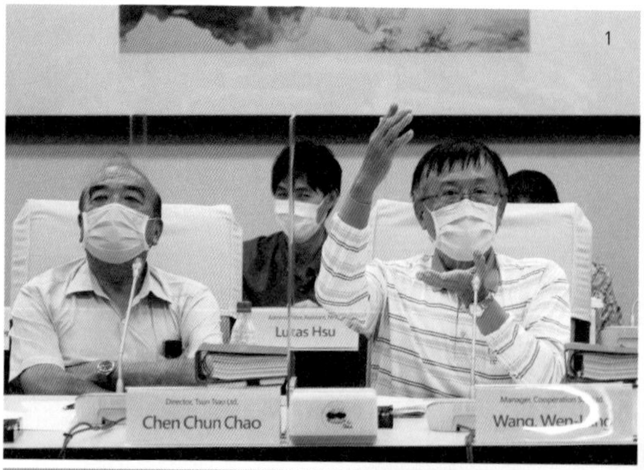

1 出席仲介代表陳春朝董事長、王文浪經理。 2 銀行公會代表兆豐銀行林湘蘋襄理說明國際匯兌。 3 焦點座談，聚焦薪資直匯問題如何解決。 4 勞動部勞動力發展署蘇裕國副組長說明。 5 金管會銀行局劉萬基組長發言。 6 印尼人民銀行代表王恩德總經理說明印尼銀行的國際匯款作業。

業務的需求。我們都知道印尼的幅員很廣，因此銀行的業務也透過流動的車子去服務比較偏鄉地區，因為島嶼很多，也有用船的。」

印尼人民銀行推出的特殊存摺，提供到國外工作的移工讓他們存錢，開戶門檻比較低。如果移工出國工作之前還沒有開戶，在辦事處還沒有正式成立前，也是可以在臺北填寫開戶的資料，傳到印尼開戶。由於印尼人民銀行在臺灣還沒正式有分行，印尼移工要寄錢回印尼，可以透過與銀行合作的INDEX（印尼商店／南洋百貨），錢寄到印尼的時候就是印尼盾，就不會再扣手續費，如果是透過銀行的SWIFT（SWIFT code，國際匯款代碼），到了印尼還要扣五美元。

春朝公司陳春朝董事長立刻回應：「五塊美金沒有問題，是我們美金匯過去，他們再轉換印尼幣，這裡面大有問題。大公司沒問題，小公司問題很多。」

主席王幼玲委員綜合歸納：「現在看起來開戶是沒有問題，可是過去仲介的經驗是，印尼的銀行可能良莠不齊，收取的匯率會不同，這就會涉及到我們是不是要規定要在哪一家銀行開戶，或者是由仲介公司去協調每一家銀行，這個是接下來漁業署要繼續處理的。」

桃園群眾協會汪英達主任提到：「前一陣子新聞才看到金管會修正《電子支付機構管理

條例》，問題在於這個方法完全排除了境外聘僱的漁工，我覺得這是政府相關部會沒有協調好的問題。如果金管會可以同意再修法，把境外漁工也放進去的話，就會有很好的解決了。目前這個只有適用就服法的移工，必須要有居留證。」

勞動部發展署蘇裕國副組長說明《電子支付機構管理條例》第四條[75]當初訂定的時候，是就勞動部職掌《就業服務法》的範圍去提供意見：「但是因為我們持續走到現在，《遠洋漁業條例》也負責在管理這些境外僱用的漁工，是否要把這樣一個對象納進去，應該可以再與農委會、金管會這邊做一些討論。」

75 《電子支付機構管理條例》第四條第四項：「非電子支付機構得經主管機關許可，經營從事就業服務法第四十六條第一項第八款至第十一款所定工作之外國人國外小額匯兌及有關之買賣外幣業務；其中請許可之條件與程序、廢止許可事由、負責人資格條件、匯兌限額、業務管理、業務檢查與費用負擔及其他應遵行事項之辦法，由主管機關會商中央銀行及勞動部定之。」

銀行公會永豐銀行賴柏宇經理表示從討論中得到兩個共識、一個問題。第一個共識就是今天要解決的問題是希望由船東直接匯款給漁工。第二個共識是匯款的手續費理應給船東負擔。一個問題就是錢。有沒有付錢？多久才付一次？中間有沒有被剋扣了很多其他名目的費用？賴經理從銀行端的角色說明，現在是金融科技的時代，要從臺灣把錢匯到境外去，有很多的方法：「舉例來講，可以去銀行匯款，缺點就是手續費比較高，所以開始有一些人力仲介業者會走央行的薪資代理結匯的方式，[76]這樣他就可以用比較便宜的手續費出去，而且有效率。只是該辦法目前僅限於私立的就業服務機構才能做。如果大家共識是船東也要能直接匯款，那或許可以朝這個方向去思考，讓船東也可以代理他的這些漁工去做結匯，節省這些漁工跑去銀行開戶、匯款的時間跟成本。第二種方式是信用卡國際組織的Visa Direct，它的缺點一樣就是移工可能都要到銀行去開戶，比較不符合實際需求。」

76 中央銀行「銀行業輔導客戶申報外匯收支或交易應注意事項」第二十七點（私立就業服務機構代結匯申報之確認）：

「銀行業受理私立就業服務機構受託辦理外籍勞工在臺薪資之新臺幣結匯（除本行另有規定外，結匯幣別不含人民幣），並以受託人自己名義申報之案件時，應確認下列事項無誤後始得辦理，結匯金額無須查詢，且不計入業者或委託人當年累積結匯金額：

（一）業者填報之申報書。

（二）勞動部核發並在許可有效期間內之私立就業服務機構許可證。

（三）外籍勞工薪資結匯委託書（參考範例如附件五）。

（四）代理外籍勞工匯出在臺薪資結匯清單（如附件六）。

（五）申報書結匯性質應填寫「代理外籍勞工結匯在臺薪資」。

有關《電子支付機構管理條例》為什麼沒有一視同仁，要分本國跟外國，賴柏宇經理說明：「該條例所開放的情境主要是針對C2C（Consumer to Consumer，消費者對消費者），就是移工他已經拿到錢了，他把零用錢存下來以後要匯回去母國，這個問題在銀行局的政策之下，七月一日起已經開放。它是C2C並不是今天大家會議上討論的B2C（Business to Consumer，企業對消費者），就是船東老闆直接把錢匯給這些漁工，這兩個是不同層面的議題。……因此我會建議，或許可以修訂關於央行的辦法，讓這些船東也可以代理漁工做薪資代結匯，就可以解決金流上面的效率、成本等問題，也是現在既有私立就業服務業者在使用的方法。」

金管會銀行局劉萬基組長補充說明：「透過銀行有手續費，透過《電子支付機構管理條例》也有手續費，並不會減免掉。……央行那個是有限定範圍的，不是任何人都可以代理去匯款，因為這是跨境的匯款。依央行規定，外籍移工可以透過就業服務機構代結匯申報，要不要開放船東也可以做這個角色，必須由央行修正規定，這一點可能要詢問央行意見。」

主席王幼玲委員再次歸納：「我們如果要直匯有幾個問題，就是匯率、匯費的問題，而且看起來不同的銀行會有不同的標準，可能要靠印尼方來協助。每一個銀行的這些匯率、匯費有沒有可能是透明、公開的，或者是有沒有可能因應薪資的給付有一個固定的優惠？」

印尼代表處傳譯傳漢遠專員補充說明：「因為現在印尼人民銀行在臺灣已經正式營業

了，有提到一個方案，不管是個人或公司，可以在印尼人民銀行開戶，所以可以有一個方式，雇主或公司直接在印尼人民銀行開戶，可以用每個月自動扣款轉帳的方式，手續費不會超過新臺幣兩百元。」

此次焦點議題座談，與會的民間團體也提供很多的建議。

台灣人權促進會施逸翔祕書長認為薪資匯款衍生的費用，應該要由雇主來負擔。並提到有關巧立名目收取保證金的問題：「我們知道的是，有看到漁工的薪資單是有被扣除『海外辦件費』，但其扣除的金額跟方式都跟原來的保證金是一樣的。」

台灣國際勞工協會陳秀蓮研究員認為：「在法令上應該要確認責任就是

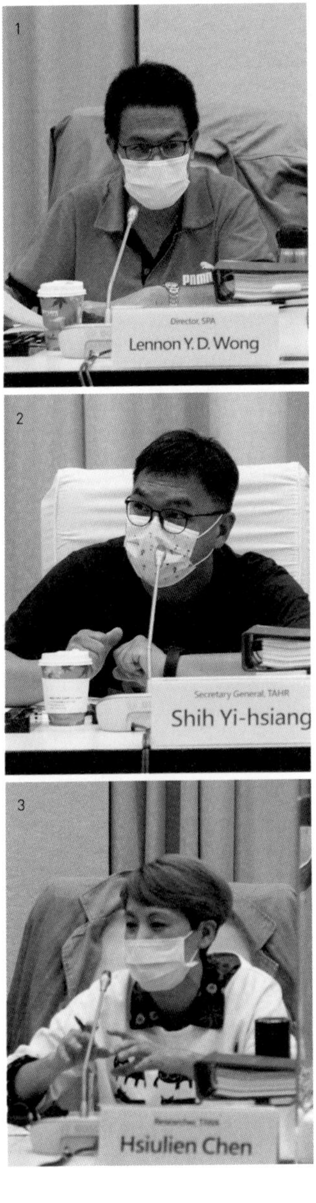

1 出席的民間團體代表，桃園群衆協會汪英達主任發言。 2 台灣人權促進會施逸翔祕書長發言。 3 台灣國際勞工協會陳秀蓮研究員發言。

在雇主，儘管他提出證明我把錢給仲介了，但工人的確沒有拿到。應該在制度上有一個設計是，不管如何你還是要先支付給工人，也就是雇主還是有責任要直接支付給工人，你和仲介的關係是你們自己再處理。」她並建議，「有沒有一個方法是，讓聘用境外漁工的雇主也有一個制度，有爭議發生時有類似保證金的制度，工人就可以直接從中請領，不用等爭議結束，不用等確認到底誰沒有把錢付給工人，對工人來說他可以先拿到錢。」

宜蘭漁工工會李麗華祕書長認為：「匯款由雇主來匯是天經地義的事，匯費應該是雇主負擔，這也是天經地義，因為雇主已經使用廉價勞工了，他們必須要負擔這個，他的人事成本已經很低了，所以這個部分應該是雇主來負擔。仲介公司不過就是幫你仲介的角色，怎麼他變成是雇主來發薪水，發薪水還是雇主的責任，仲介公司是提供服務，本來就不應該介入他人的勞動契約。」

綠色和平李于彤專案主任表示：「匯款手續費原則上都應該是要雇主來給付。第二，我們覺得漁工，應該要有更彈性、更多元拿到工資的方式。」

「《就業服務法》的移工一定在國外先簽了契約，這個契約一定是國外政府認證之後，這個移工才可以進來。可是遠洋漁工的契約常常是跟國外的仲介簽的，這個就問題百出。」桃園群衆協會汪英達主任表示他們也遇到匯率的問題，「不單印尼，菲律賓也是一樣。去年兩位金春十二號的漁工被移民署關了二十天，後來我們在機場和他們開會，當

1 焦點座談的主持人介紹本次與會人員。 2 環境正義基金會邱劭琪主任發言。 3 綠色和平專案主任李于彤發言。 4 宜蘭縣漁工職業工會李麗華祕書長發言。

時就發現這個問題。雖然他們說匯了錢，結果拿出來看就發現數字有很大的差異，就是因為匯率的關係。我不知道這個可以怎麼規範，當然不同的銀行有不同的匯率，這都是銀行的商業自由，可是要怎麼樣能夠保障移工能有比較優惠的匯率，能夠拿到他的錢，不要在匯率的匯差上造成他額外的損失。」

環境正義基金會邱劭琪專案主任提到：「我們的調查發現，漁工全額拿到這個薪水，

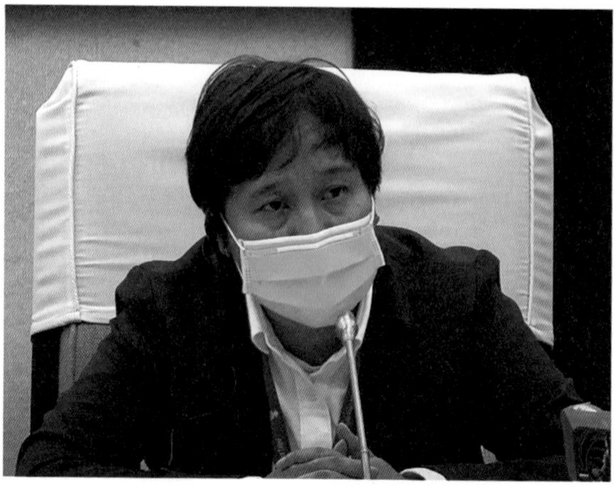

印尼代表處勞工部主任伍妲說明印尼政府的態度

他另外要再付給他的印尼仲介或者是他的臺灣仲介。因為臺灣現在有規定臺灣仲介不能收取這些錢，但我們問到的還是很多要給付印尼仲介這樣的保證金。其實保證金就是國際上認定強迫勞動跟人口販運很大的一個要件之一，如果只用直接給付的方式，沒有辦法解決保證金的問題。」

王美玉委員詢問印尼政府，關於來源國仲介先切結一個檯面下的切結書，使漁工可能拿不到最低四百五十美元薪資，或是印尼的仲介沒有把錢轉給印尼的漁工，印尼政府如何規範這些把漁工的錢吃掉的違法仲介？並期許：「希望印尼政府在處理這個問題上，對於這些不良的仲介公司能夠更積極。」農業委員會陳添壽副主委也

說：「我們很希望和印尼政府能有一個平台，包括契約的問題到底是真偽，至少外館認證一下。」

印尼代表處勞工部伍妲主任回應：「二〇二一年四月開始，印尼仲介必須是合法仲介才可以跟臺灣仲介合作，當印尼仲介違法的時候我們可以處罰。剛剛王美玉監委提出的問題，如果印尼的仲介不守法，有沒有辦法可以受到懲處？對於違法的印尼仲介，我們給的懲處包含行政懲處及刑事懲處。我剛剛有得到印尼那邊給我的資訊，移工來臺灣工作他們自己不需要付錢，是雇主付。我們也希望能儘早讓他們在印尼領薪水的時候是可以全額領到，沒有一些不合法的扣款。」

陳菊主任委員最後致詞表示：「在臺灣的部分我們願意透明公開，有一定的標準，這部分能不能和印尼合作，把這個標準一致性、透明化、法制化，這樣引進印尼移工的業界跟雇主都會很清楚，勞工的權益才能受到保障。站在國家人權委員會的立場，我們非常高興有這樣的對話，但我們更要求透明、一致，包括法制化來保障漁工，我們這樣的期待，也謝謝你們的參與。」

會議總結

❶ 無論是境內聘僱或境外聘僱的外籍漁工，皆應落實薪資全額直接給付的原則，且建議由雇主直接匯款給漁工，不再透過仲介轉發，避免層層剝削。

❷ 漁業署目前研擬的做法，漁工的薪資仍可由國內仲介代發，但禁止國外仲介經手，雇主（船東）與仲介在薪資給付的責任歸屬，應加以釐清，明確規範。

❸ 目前薪資直匯的建議方向是希望由雇主負擔手續費，印尼人民銀行在印尼各地都有合作的無分行代理人，偏鄉漁工及其家人開戶或使用銀行服務並無問題，該行在臺開設分行後，國際匯款程序、手續費及匯差合理性等問題，盼能逐步解決。

❹ 中央銀行現行「銀行業輔導客戶申報外匯收支或交易應注意事項」第二十七點，有關銀行業可受理私立就業服務機構受託辦理外籍移工在臺薪資之新臺幣結匯，適用對象是否能納入雇主（船東），涉及跨部會事務，建議行政院協調研議。

❺ 印尼電子商務模式發達，外籍漁工是否納入我國《電子支付機構管理條例》適用對象，請漁業署評估研議，使漁工薪資給付可有多元的支付管道。

❻ 漁工來源國及臺灣的仲介，都必須嚴謹把關，避免漁工被兩邊的仲介雙重剝削、剋扣薪資或預扣各種名目的保證金，也須避免簽訂不同版本的工作契約或切結書。未來希望印尼代表處轉請印尼國內主管機關多予協助，強化雙邊合作及管理機制，共同促進漁工權利的保障。

❼ 各銀行薪資跨國匯兌標準希望朝向一致性、透明化、法制化努力，也希望來源國的仲介服務費能夠建立一個合理的標準，讓漁工確實領取到他工作的薪資所得。

附記

座談會後的最新發展

關於座談中提到《電子支付機構管理條例》第四條第四項授權訂定之〈外籍移工國外小額匯兌業務管理辦法〉，因母法中已經明定僅適用於「從事就業服務法第四十六條第一項第八款至第十一款所定工作之外國人」，不包括境外聘僱之外籍漁工，因此農委會發函請金管會同意修法將境外聘僱之外籍漁工併入實施對象：「建請金管會於電子支付條例與外籍移工小額匯兌辦法，納入依《遠洋漁業條例》授權訂定之〈境外僱用非我國籍船員許可及管理辦法〉聘僱之外籍船員，將有助雇主給付船員薪資透過小額匯兌導引至合法、安全及透明的管道。」[77]

對此，金融監督管理委員會也函復說明，〈外籍移工國外小額匯兌業務管理辦法〉是規範外國人在我國自行辦理跨境小額匯兌，以電匯方式匯出至外籍移工的母國。金管會的函文中提到：[78]經勞動部核准許可引進來臺之外籍移工於我國籍雇主支付（新臺幣）薪資後，擬將在臺薪資匯回其母國，因在臺外籍移工為匯款人，可以透過二種管道，第一種是依〈外籍移工國外小額匯兌業務管理辦法〉申請成為外籍移工匯兌公司之客戶，自行進行國外匯兌。另外，也可以依中央銀行所定「銀行業輔導客戶申報外匯收支或交易應注意事項」第二十七點規定，透過經勞動部許可之私立就業服務機構，代為結匯後赴銀行進行國外匯兌。以上二種管道並未包括境外聘僱之外籍漁工。

至於我國籍的船東要將薪資匯款至外籍移工的母國帳戶，是屬於我國國人辦理國外匯兌，原本就可以透過銀行，或是透過電子支付機構辦理國外小額匯兌業務等，二種管道。

綜上，境外聘僱之外籍漁工目前無法在我國辦理跨境小額匯兌，將領到的現金薪資自行匯回母國，解決之道，還是必須透過船東或是仲介代為匯款。若依照座談會中銀行公會永豐銀行賴柏宇經理的意見，是建議徵詢央行能否修訂「銀行業輔導客戶申報外匯收支或交易應注意事項」，開放船東也可以代理外籍漁工做薪資代結匯申報，節省這些漁工跑去銀行開戶、匯款的時間跟成本，達到由雇主直匯給付薪資的目的。

77 行政院農業委員會一一〇年十一月十九日農授漁字第1101337473號函。

78 金融監督管理委員會一一〇年十二月十四日金管銀票字第1100149000號函。

伍 結論

揮別血汗海鮮的關鍵在於政府的執法。在國際治理的規範下，臺灣應兼顧人權與環境，讓生產線上的捕撈朝向永續經營。

一、有效提升勞動條件，保障平等權

從外籍漁工的角度來看，他們最關注的切身議題首先就是勞動條件。針對漁工的勞動條件，國內外各界關注的問題主要有超時工作、工時過長、薪資未足額給付、船居生活條件待改善、船上飲水與食物不足，還有在海上停留過久、長期無法靠港等等勞動權益的問題。再加上境內聘僱與境外聘僱的漁工，適用的法令不同，勞動條件也有極大的差距，適用《遠洋漁業條例》的境外聘僱漁工，相比之下明顯薪資過低，而且沒有相關社會保險的保障。因此民間團體提出廢除境外聘僱制度，讓所有外籍漁工適用《勞動基準法》，他們的理由在於外籍漁工與本國漁工應該享有同樣的權益與保障，不應有歧視待遇。

《勞動基準法》所規範的工時與休假等條件，若要直接適用在遠洋漁業上，確實有一定的困難度，又因為《勞動基準法》強行公法的性質，適用在境外成立的民事契約關係上，會有主權行使的問題。再從立法政策來看，遠洋漁業三法修法的時候，在立法決定上就已經確立採取雙軌制。這些問題都增加了境外聘僱漁工適用勞基法的困難度。

雖然境外聘僱漁工無法立即直接適用《勞動基準法》，仍然應該比照勞基法的精神，而不能讓漁工的勞動條件完全交由市場決定，必須有符合人權標準的一套最低基準。建議行政院檢視國際勞工組織（ILO）第一八八號《二〇〇七年漁業工作公約》的相關規定，盤點公約中尚未落實的項目，在ILO-C188公約國內法化之前，可以先研議修改現行規定，

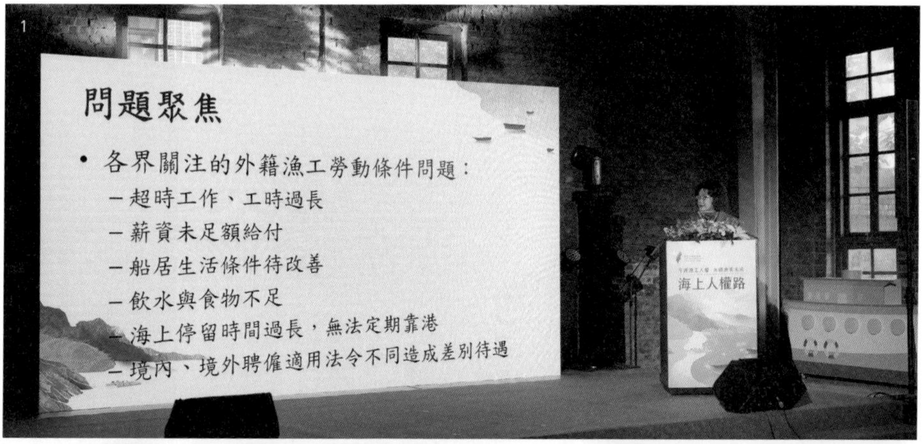

1 2021年11月30日外籍漁工人權專案報告成果發表會，王幼玲委員報告勞動條件的部分。
2 陳菊主任委員及羅秉成政務委員出席成果發表會並致詞

進一步拉近與勞基法及ILO-C188公約的規範落差，或者也可以研議在定型化勞動契約範本中，明定相關勞動條件最低基準以及爭議處理方式。

【境外聘僱管理辦法、勞動基準法及漁業工作公約重要規範比較】

	境外聘僱／境外僱用非我國籍船員許可及管理辦法	境內聘僱／勞動基準法	ILO-C188漁業工作公約
工資	月薪不得低於四百五十美元（以匯率二十七點九五元換算，折合新臺幣約一萬兩千五百七十六元）。	1不得低於基本工資：自二〇二二年一月一日起，每月基本工資調整為新臺幣二萬五千二百五十元。 2工資應全額直接給付給勞工；雇主不得預扣勞工工資作為違約金或賠償費用。	公約第二十三、二十四條： 1各會員國須通過法規命令，規定漁工保證每月或定期領取工資報酬。 2會員國應確認漁工工資有管道不用扣除任何費用即可將全部或部分工資付款（包括預支款）轉匯給其家人。
工時	1每日休息時間不得低於十小時。 2未規定雇主應備出勤紀錄。	1原則上正常工作時間每日不得超過八小時，每週不得超過四十小時。延長工時一日上限十二小時、一個月不得超過四十六小時。依勞基法第八十四條之一規定，工時得由勞雇雙方另行約定並送主管機關核備，未經核備者仍受勞基法規定限制。 2雇主應備出勤紀錄。	公約第十三、十四條： 1會員國應規定船東給予漁工充足的固定休息以保證安全與健康。 2在海上停留超過三天的漁船，不論其大小，漁工最低休息時間，在二十四小時內不得低於十小時、在七天內不得低於七十七小時。可做臨時性例外處理，但主管機關須要求漁工可盡快得到補休。 3為了緊急安全需要或出於幫助海難船舶或人員，必要時，船長可中止休息時間安排，要求漁工從事必要工作，直至情況恢復正常。一旦情況恢復正常，船長應儘快確保所有在安排休息的時間內從事工作的漁工獲得充足休息時間。

	社會保險	職業災害預防及補償	基本安全專業訓練
境外聘僱／境外僱用非我國籍船員許可及管理辦法	1商業保險，其中一般身故保險金額不得低於新臺幣一百萬元。 2無其他社會安全規範。	無職業災害補償規範。	未規定，僅針對仲介機構課以配合主管機關對外籍船員辦理講習及宣導之義務。
境內聘僱／勞動基準法	有勞工保險及全民健康保險。	有職災補償規定且有勞工職業災害保險。	需要。 依據〈漁船船員管理規則〉第十一條、《勞動基準法》第八條、《職業安全衛生法》第五、三十二條等。
ILO-C188漁業工作公約	公約第三十四至三十七條： 會員國須保證，通常居住在其領土上的漁工，及其按國家法律規定的受撫養人，有權享受社會保障保護的待遇，條件不得低於那些適用於通常居住在其領土上的其他勞工。	公約三十一、三十八條： 1長度為二十四米及以上的漁船上，或通常在海上停留超過三天的船舶上：漁船船東應建立預防職業災害、工傷和職業病方案。 2職災補償：漁工應可獲得適當的醫療和符合國家法律和法規的相應補償。	公約第三十二條： 漁船船東須保證向船上漁工提供適當的個人防護衣和設備；保證船上每位漁工接受主管當局認可的基礎安全培訓；……保證漁工在使用設備或參與相關作業之前，對設備和使用方法有足夠且合理程度的瞭解、熟悉。

基於經社文公約所揭示的平等權，不應對於境外聘僱的外籍漁工有這麼大的差別待遇。具體而言，境外聘僱漁工的薪資應該參考基本工資的調整機制，漸次提高，並且要落實工資全額直接給付的原則。工時部分，應輔導業主結合科技管理出勤紀錄，確保漁工獲得充足休息。此外，現行規定中落差較大，建議可以再加強的部分還有：

❶ **社會保險保障方面**：境內聘僱的漁工有勞工保險、職業災害保險及全民健康保險的保障，對雇主來說，職災保險也具有責任保險的性質。然而境外聘僱的漁工只有不低於一百萬的商業保險，不但對漁工的保障不足，一旦發生事故，雇主仍須面對漁工的求償。

❷ **職業災害保護與補償**：公約規定長度二十四米以上的漁船，或通常在海上停留超過三天的船舶上，漁船船東應建立預防職業災害、工傷和職業病方案。[79] 漁工應可獲得適當的醫療和符合國家法律的相應補償。[80]

❸ **安全衛生設備與基本安全訓練方面**：公約規定漁船船東須保證向船上漁工提供適當的個人防護衣和設備；保證船上每位漁工接受主管機關認可的基礎安全培訓；保證漁工在使用設備或參與相關作

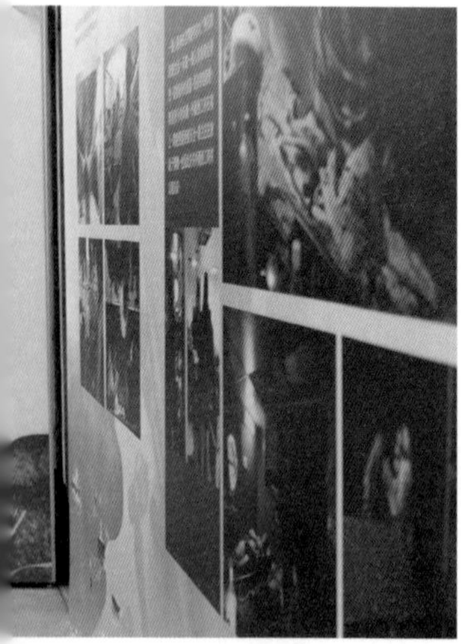

業之前，對設備和使用方法有足夠且合理程度的瞭解、熟悉。[81]公約同時也對船長規範了相關的安全衛生管理義務。[82]

上述社會保險保障不足、職業災害保護與補償不足、安全衛生設備與基本安全訓練不足等落差的部分，建議應該修法納入《遠洋漁業條例》及其相關子法之規範中，拉近與ILO-C188公約及勞基法相關規範的差距，與國際接軌，提升外籍漁工的勞動條件，有效保障其平等權。

79 《二〇〇七年漁業工作公約》第三十二條第一項第一款。
80 《二〇〇七年漁業工作公約》第三十八條。
81 《二〇〇七年漁業工作公約》第三十二條。
82 《二〇〇七年漁業工作公約》第八條。

外籍漁工人權專案報告成果發表會

二、透過國際合作，納管權宜船

依照國際法，我國並非權宜船的船籍國，除非涉及人口販運防制，否則並無管轄權。近年來漁業署都是透過對權宜船的投資經營許可，間接去規範權宜船漁工的勞動條件，但是《投資經營非我國籍漁船管理條例》以及相關子法，一開始的立法目的，是為了防止權宜船從事非法、未報告及不受規範的撈捕行為（IUU）。

從幾次的座談中，我們知道漁業署針對權宜船管理，提出了短、中、長期的策進作為，明確宣示不支持權宜船的政策方向，將對權宜船採取總量管制的方式。最近也已修改相關法規，對涉及強迫勞動或人口販運等犯罪的本國人，不許可其投資經營外國籍漁船；涉及強迫

2021年11月30日外籍漁工人權專案報告成果發表會，王美玉委員報告權宜船及仲介管理的部分。

勞動或人口販運的外國籍漁船，則不得進入使用我國港口。

針對這些加強管理的方式，建議應考量船上漁工的實際情形，做更細緻的規範，避免因為禁止入港，反而失去登船檢查或是扣船求償的機會。

目前我國與主要的幾個船籍國，雖然在聯繫上遭遇外交困境，就算不理會我們移請裁處的請求，我們仍然可以透過漁貨產品市場國的壓力，建立國際合作共同打擊從事IUU漁撈以及勞力剝削的權宜漁船。

此外，權宜船靠港的時候，港口檢查的部分，包括海關查驗、移民查驗、動植物檢查、安全檢查、IUU漁獲、航行安全等，目前都可以依法檢查，唯獨勞動人權沒有完備的法制依據可以進行勞動檢查；目前在投資審查許可時附加勞動條件的要求，所依據的相關法規層級過低，應該要建立完備的法律依據，建議行政院應積極推動相關法律的修正。

三、強化仲介管理，避免雙重剝削

權宜船遭到指責，除了船東是臺灣人外，還有臺灣的仲介去替權宜船甚至外國漁船招攬外籍漁工，他們簽訂的勞動契約內容甚至如同賣身契。所以跨國人力仲介一旦管理不善、監督機制不足，黑心仲介就很可能成為勞力剝削的嫌疑人。

漁業署主管的五十幾家辦理境外聘僱漁工的仲介機構，與勞動部主管適用《就業服務法》的仲介機構相較，在管理規範上有許多落差。境外聘僱漁工的仲介比境內更為複雜，仲介公司可能同時要負責漁工管理、當地訓練、薪水發放等事宜，導致雇主與仲介的責任混淆不清。

漁工來源國有所謂牛頭（掮客），在臺灣則有一人仲介靠行制度，這些亂象都必須要嚴謹的把關。監察院調查的案件中，最嚴重的是仲介故意把漁工通報失聯，外籍漁工失聯率高於一般產業移工，且集中在少數幾家的仲介公司，漁工被兩國的仲介雙重剝削、剋扣薪資。

尤其是仲介代墊薪資的問題，兩國仲介可能巧立名目收取費用、預扣工資或收取保證金，使漁工未能足額領到工資，此外，層層轉手可能產生高額手續費以及跨國匯兌損失的風險，這些都可能轉嫁給漁工承擔。建議應該啓動跨部會甚至跨國合作，解決國際匯兌的問題，克服薪資直匯的困難，不要再透過仲介轉發，讓外籍漁工及其家人能夠確實地領到他本該領到的薪資。

勞動部在跨國人力仲介公司的管理以及評核方面比較有經驗，但是執行方面還可以再加強。漁業署已將漁工失聯人數納入評鑑扣分項目，也提到未來將與勞動部的仲介管理模式逐步拉近距離，例如：具體規範辦理境外聘僱漁工的國內仲介機構，必須取得勞動部的許可，我國仲介替權宜船招募漁工將來也都會納入管理。理論上，從事遠洋漁工的仲介，應該比沿近海漁工的仲介要有更高的標準；因此，漁業署應立基於符合國內仲介規定的標準之上，強化境外聘僱漁工的仲介管理。我們期待透過兩部會之間的密切合作，加強管理及評鑑，有效監督仲介機構。

至於外國仲介，雖然其管轄權屬於漁工來源國，漁業署表示未來將透過約束國內的仲介而間接地去約束國外仲介，除了來源國必須與我國有漁業合作，外國仲介公司也必須是該國核准登記的合格仲介，否則國內仲介與其合作時，將不予許可。我們建議還可以更進一步要求，一旦外國仲介或其從業人員在漁工來源國曾經遭到與就業服務業務有關之處分，則我國投資經營漁船者或是仲介公司，不得透過這些違法外國仲介召募漁工。

四、打擊海上強迫勞動，及時申訴處理

外籍漁工的脆弱處境與他的行業特性有關，包括勞動條件不佳、薪資無法全額領取或是直接取得有困難、生活起居環境不良、缺乏透明的申訴管道等，前面都已經提及，而這些結構性的問題造成系統性的勞力剝削。

但是這些構成強迫勞動的事實，卻經常未被鑑別為人口販運。二〇一九年司法警察機關追訴涉及人口販運勞力剝削罪嫌計三十二件，經起訴及聲請簡易判決處刑計十四件（占百分之四十三），地方法院判決有罪者計七件（占百分之二十一），判決比例僅二成。[83] 其中涉及許多亟待改善的制度面問題，包括：被害人鑑別程序不周全；勞動部與漁業署分工不明確，妨礙遠洋漁船檢查時程及效率，不利遠洋漁工強迫勞動之偵辦；政府對遠洋漁船調查能量不足，對權宜船則無法律據以實施勞動檢查。

83 二〇一九年司法警察機關追訴涉及人口販運勞力剝削罪嫌計三十二件，經起訴及聲請簡易判決處刑計十四件（占百分之四十三），地方法院判決有罪者計七件（占百分之二十一）；顯示檢調及司法機關對強迫勞動案件之偵查處刑，以簡易處刑（宣告緩刑、得易科罰金或得易服社會勞動之有期徒刑及拘役或罰金者）居多，判決比例僅二成，相關處置仍有加強之處。參見監察院一一〇財調〇〇〇七調查報告，頁一二〇。根據內政部移民署《二〇二〇年中華民國（臺灣）防制人口販運成效報告》指出：二〇二〇年共計查獲人口販運案件一百五十九件，其中勞力剝削二十九件、性剝削一百三十件；各地方檢察署共計起訴人口販運相關案件七十八件。

2021年11月30日外籍漁工人權專案報告成果發表會，紀惠容委員報告海上強迫勞動的部分。

美國2021年人口販運問題報告，對台灣提出17點建議。

美國國務院每年的「人口販運問題報告」，從二〇一三年開始出現漁工議題，直到現在，幾乎每年都會提到臺灣遠洋漁船上的漁工遭受強迫勞動的問題。二〇二一年的報告中，我國雖然維持在第一級，但並不表示被列為第一級的國家沒有人口販運問題。報告雖然肯定臺灣在消除人口販運方面的努力，發揮跨部會協調的功能，對於遠洋漁船的檢查次數及鑑別案件都有增加，但也提出了十七點建議，其中有過半數與漁工有關，主要提到政府應積極地協調權宜船的管理以及漁船靠港後是否針對遠洋漁船的漁工進行「以被害人為中心」的訪談等。

（一）迅速鑑別強迫勞動

過去監察院的調查報告中指出，在外籍漁工遭到勞力剝削的案件中，有的被鑑別為「強迫勞動」類型的人口販運，有的則被當作「勞資爭議」處理。關於鑑別的指標，國際上都以國際勞工組織（ILO）第二十九號《強迫勞動公約》所規範的十一項指標，做為判斷強迫勞動的基準。[84]目前這十一項指標已經納入我國鑑別指標的項目裡面，不過在操作上還需要更加精進。

二〇二一年截至九月，1955專線接獲通報為疑似人口販運案件計有三件，移請司法機關鑑別後，有一件鑑別為被害人。如何讓1955專線等第一線受理的行政人員、執法人員具備足夠的訓練，尤其是運用具體案例協助判別，以便在第一時間接觸到受害人的申訴時，能夠迅速辨識出是否屬於「強迫勞動」案件，讓後續的司法偵查、安置保護等流程能夠順利進行，這是改善的第一步。

（二）建立聯合查緝平台

內政部也正在研議《人口販運防制法》修法，規劃將訂定「強化打擊海上人口販運案件工作指引」，研議將採用檢視表的方式，對照ILO的十一項強迫勞動指標做檢視，以利第一線漁政及勞政人員，不管是在公海登船檢查或在岸邊檢查，都可以快速地判別。

不過《人口販運防制法》第五條所規定的權責機關很多，分工複雜。尤其是漁船上的

84 十一項指標包括：濫用脆弱處境、欺騙、行動限制、孤立、人身暴力及性暴力、恐嚇及威脅、扣留身分文件、扣發薪資、抵債勞務、苛刻的工作及生活條件、超時加班等。

強迫勞動，涉及非常多的權責機關，在海上可能涉及海巡署、漁業署，靠港之後可能涉及勞檢單位、移民署、警政署等，因此有必要建立一個跨機關的聯合查緝平台，明確分工，當案件發生時，才能迅速通報檢調單位加速偵辦。

(三) 普及人權教育，培訓對人口販運之敏感度

建議應該要讓所有的民間團體、企業界、公會組織甚至是漁工本身都需要強化他的被害意識，透過人權教育交流等方式，瞭解強迫勞動十一項指標的內涵，培養對於人口販運的敏感度，在對話時才能有相同的語言。

(四) 制度化供應鏈責任

歐美各國陸續立法讓供應鏈責任制度化，禁止強迫勞動的產品進入其市場，利用消費國的訂單壓力，要求大型企業要負起責任，評估旗下供應鏈所提供的產品或商品是不是有強迫勞動的風險，並且要採取行動預防與補救，促使企業不得不積極處理其產品供應鏈的強迫勞動問題。在全球供應鏈中，臺灣已非邊陲小國而是一個貿易大國，建議行政院積極地思考如何將「透明化供應鏈」、「盡職調查義務」等企業的責任予以法制化，不但可以接軌國際，還能夠讓企業有所依循。

外籍漁工人權專案報告成果發表會參加來賓大合照

(五) 多元及時的申訴管道

此外，若要確實保障漁工權益、打擊海上強迫勞動，必須建立多元及時的申訴管道，以及申訴後的處理機制。建議行政院積極克服求救硬體設備成本偏高、不易普及等困難，避免因海上通訊受限而無法及時申訴與救助。期待每條遠洋漁船都能建立多元及時的申訴管道，讓遠洋漁船上的漁工有管道可以及時有效地投訴，政府相關機關才能在第一時間掌握情況、及時處理。

最後，建議政府部門應該與民間團體多溝通，增進彼此的理解，共同合作，使民間團體接到申訴案件時願意先與政府協商、解決問題，而非第一時間透過國際施壓。

五、期許與展望

二〇二一年十二月六日，國家人權委員會舉辦「提升企業治理，人權齊步前行——二〇二一臺灣人權與企業行動論壇」，這次論壇的主題參照「聯合國工商企業與人權指導原則」（簡稱UNGPs），邀請相關領域的產官領袖，就環境、社會及公司治理（ESG）的責任與產業新商機發表報告。

陳菊主委於致詞時表示，企業人權是臺灣人權發展的重要里程碑，經濟成長不是國家發展唯一的目標，還應兼顧民主、人權與環境。正因臺灣企業在全球產業供應鏈居於關鍵地位，若能致力於企業人權，不只是員工勞動條件與勞動權益，可以獲得實質的改善，創造永續發展的環境，還可以為企業創造客群、提升企業聲譽及品牌價值。行政院

政務委員羅秉成則談到，在UNGPs規範下臺灣推動友善人權環境的努力。行政院在二〇二〇年十二月十日國際人權日，已正式公布「企業與人權國家行動計畫」。[85]

聯合國近年來積極推動永續發展，二〇一五年九月二十五日，發表《翻轉我們的世界：二〇三〇年永續發展方針》，公布十七項永續發展目標（Sustainable Development Goals, SDGs），其中又涵蓋一百六十九項細項目標、兩百三十個參考指標。「二〇三〇永續發展目標」包含消除飢餓、促進性別平權、負責任的生產與消費、減緩氣候變遷等十七個永續發展目標，藉此引導政府、企業、民眾，透過每次的行動與決策，一起努力達到永續發展的可能。特別強調「人」是永續發展的核心，在永續發展的第八個目標中，提到要保護勞工的權益，促進工作環境的安全，包括移工。第十四個目標更針對海洋資源的永續利用，要求各國有效監管非法漁撈、消除過度漁撈。

在這些國際趨勢之下，漁業發展高度仰賴外籍漁工的臺灣，勢必要與國際標準接軌，在全球漁業治理的規範下，才能留住好的漁業勞動力，協助臺灣的漁業永續發展，也讓人權永續發展。

國家人權委員會歷經數個月的調查，所提出的這份「外籍漁工人權專案報告」，彙整監察院六個重大外籍漁工人權相關調查案件，整理出其中涉及制度性的問題，加上跨國非政府組織所提出的「終結遠洋漁業強迫勞動」訴求，函請各相關政府部門評估可行性及說明執行情形，並舉辦專業論壇、運用訪視及座談等多元的調查方法，與政府及相關團體對話，希望建立溝通的平台。

這份報告提出的具體建議，希望行政院慎重評估，列入「漁業與人權行動計畫」中，並應明訂改善的期程。人權會將會持續追蹤，期望透過不斷的改革，改變臺灣侵害漁工人權的國際形象，用行動力守護漁工人權。

85 國家人權委員會新聞稿，〈以ESG創造永續發展　陳菊盼企業治理與人權齊步雙贏〉，一一〇年十二月六日。《今周刊》一三〇四期，二〇二一年十二月二十日，頁一六四－一六五。

參考資料

書籍

- 中華民國對外漁業合作發展協會，《踏浪千行》，遠見出版，二〇一六。
- 王冠雄，《全球化、海洋生態與國際漁業法發展之新趨勢》，秀威資訊出版，二〇一一。
- 李阿明，《這裡沒有神：漁工、爸爸桑和那些女人》，時報出版，二〇一八。
- 李雪莉、林佑恩、蔣宜婷、鄭涵文，《血淚漁場：跨國直擊台灣遠洋漁業真相》，《報導者》，行人文化實驗室，二〇一七。
- 黃異，《漁業法》，新學林出版，二〇一八。
- 廖文章，《國際海洋法論：海域劃界與公海漁業》，揚智，二〇〇八。

政府出版品

- 內政部移民署，《2020年中華民國（臺灣）防制人口販運成效報告》，二〇二一年十月。
- 國家人權委員會，《「2021酷刑防制國際運作暨漁工人權專業論壇」會議手冊》、《「2021酷刑防制國際運作暨漁工人權專業論壇」會議實錄》，二〇二二年。
- 陳亞鈴，《高雄市漁業勞動力研析》，高雄市政府海洋局統計專題分析，二〇一七年五月。

學位論文

- 林苑愉，《台灣遠洋漁業的勞動體制：鮪延繩釣船長討海經驗分析》，國立屏東教育大學社會發展學系碩士論文，二〇一三。

期刊論文

- 張鑫隆，〈《保護所有移工及其家庭成員權利國際公約》與我國看護移工之人權保障〉，《台灣勞工季刊》NO.51，二〇一七年九月，頁四－十三。
- 方信雄，〈選擇船舶懸旗的考量因素〉，《中華海員月刊》第七六八期，一〇六年十月號，二〇一七，頁二六－四〇。
- 林文謙，〈全球環境治理與國內政治之互動：以ICCAT削減台灣大目鮪配額案為例〉，《政治科學論叢》第五十期，二〇一一，頁一四一－一八〇。
- 林良榮，〈論（商船）船員勞動之特殊性與權利保護──兼論二〇〇六年ILO海事勞動公約〉，《法學新論》第三二期，二〇一一年八月，頁一－三五。
- 林良榮、王漢威，〈論我國與日本漁船船員之僱用政策與法制建構──兼論外國籍漁船船員之勞動保護〉，《臺灣海洋法學報》第二四期，二〇一六，頁一－四九。
- 林佳和，〈涉外民事關係適用我國強行公法？〉，《月旦法學教室》第二〇二期，二〇一九年八月，頁一〇－一三。
- 許耀明，〈未內國法化之國際條約與協定在我國法院之地位〉，《司法新聲》第一〇四期，二〇一二年十一月，頁二〇－二七。
- 焦興鎧，〈國際勞工組織建構核心國際勞動基準之努力及對我國之啓示〉，《台灣勞工季刊》第五八期，二〇一九，頁八－二五。

- 劉黃麗娟、嚴國維，〈遠洋漁業勞動體制初探：一個建構在利益極大化、共識與風險轉嫁的工業性漁撈模式〉，《勞資關係論叢》二一卷二期，二〇一九，頁六八－九一。

其他

- BBC記者阿利雅．斯瓦比（Alyya Swaby），〈國際縱橫：巴拿馬旗——世界船東的偏愛〉，BBC中文網，二〇一四年八月九日。https://www.bbc.com/zhongwen/trad/world_outlook/2014/08/140809_world_outlook_panama_ship，最後瀏覽日期：二〇二一年十二月十日。
- 中央社，〈美列台灣漁獲為強迫勞動貨品清單盼111年秋解除〉，二〇二一年五月六日。https://www.cna.com.tw/news/ahel/202105060352.aspx，最後瀏覽日期：二〇二一年六月十七日。
- 外籍漁工人權保障聯盟新聞稿，〈美國勞動部首次將臺灣漁獲名列「強迫勞動製品清單」〉，二〇二〇年十月二日。https://www.tahr.org.tw/news/2786，最後瀏覽日期：二〇二一年六月十七日。
- 維多魚，〈歐巴馬：禁童工產品入美〉，地球圖輯隊，二〇一六年二月二十六日。https://dq.yam.com/post.php?id=5612，最後瀏覽日期：二〇二一年六月十日。
- 李濬勳，〈台灣漁業不能忽略的趨勢——透過港口國措施強化打擊非法捕魚〉，法律白話文運動，二〇一六年八月二日。 https://plainlaw.me/2016/08/02/ipoa-iuu/，最後瀏覽日期：二〇二一年六月二十一日。
- 美國二〇一一至二〇二〇年人口販運問題報告台灣部分
- 美聯社，「血汗海鮮」系列報導。 https://www.ap.org/explore/seafoodfrom-slaves/，最後瀏覽日期：二〇二一年六月八日。

- Martha Mendoza，〈歐巴馬禁止美國進口奴役製品〉，美聯社，二〇一六年二月二十五日。https://www.ap.org/explore/seafood-from-slaves/Obama-bans-US-imports-of-slave-produced-goods.html ，最後瀏覽日期：二〇二二年六月八日。
- 孫友聯，〈新疆棉事件後，台灣應重視企業社會責任及供應鏈人權保護法制化問題〉，報導者，二〇二一年七月十九日。https://www.twreporter.org/a/opinion-xinjiang-cotton-taiwan-regulation，最後瀏覽日期：二〇二二年七月二十日。
- 《聯合報》記者李京倫，〈國際小學堂／為何全球四成船隻都掛這三國國旗？揭開海上黑暗兵法…〉，聯合新聞網，二〇一九年八月九日。https://udn.com/news/story/6904/3978679，最後瀏覽日期：二〇二二年十二月十五日。
- 顏慧欣，〈各國情勢分析：拜登政府公布2021年度貿易政策議程〉，中華經濟研究院WTO及RTA中心，110年3月份國際經貿規範動態分析，二〇二一年三月三十一日。https://web.wtocenter.org.tw/Page.aspx?nid=121&pid=354904，最後瀏覽日期：二〇二二年十二月十五日。
- 行政院農業委員會新聞稿，〈臺灣自歐盟打擊IUU漁業黃牌名單除名〉，二〇一九年六月二十七日。https://www.coa.gov.tw/theme_data.php?theme=news&sub_theme=agri&id=7809&print=Y，最後瀏覽日期：二〇二二年十二月十五日。
- 監察院新聞稿，〈高雄籍遠洋漁船「福賜群」涉長期虐待境外聘僱漁工致死　監察委員王美玉自動調查〉，二〇一六年四月七日。
- 監察院新聞稿，〈外籍漁工勞動權益遭漠視　監察院糾正農委會及漁業署〉，二〇一六年十月五日。

- 監察院新聞稿，〈福牡拾壹號漁船涉嫌違反二〇〇七年漁業工作公約遭留置案件，監察院糾正農委會及所屬漁業署、高雄市政府海洋局及勞工局，並議處相關失職人員，將漁船更換船長涉犯使公務員登載不實罪嫌，移請法務部調查〉，二〇一九年五月九日。
- 監察院新聞稿，〈外籍漁工為勞工保險強制納保對象，卻有半數外籍漁工未納保，勞動部未積極尋求解決，監察院提出糾正〉，二〇二〇年四月八日。
- 監察院新聞稿，〈美國將我國漁獲列入強迫勞動貨品清單，影響台灣國際形象，監察院通過調查報告，糾正外交部、勞動部及行政院農業委員會漁業署，並促請行政院正視遠洋漁船外籍漁工的勞動權益，維護漁工人權〉，二〇二一年五月六日。
- 監察院新聞稿，〈臺灣人經營的權宜船疑涉嫌人口販運、限制漁工行動自由，監察院糾正內政部移民署、海洋委員會及農委會漁業署，並促請行政院檢討權宜船的管理機制，保障漁工人權〉，二〇二一年五月十日。
- 監察院新聞稿，〈勞動部對於境內聘僱外籍漁工的審查及管理機制失靈，使得來臺合法工作的外籍漁工遭到一名仲介轉為黑市的違法勞動人力，事後也未能積極補救漏洞，監察院糾正勞動部〉，二〇二一年五月十一日。
- 國家人權委員會新聞稿，〈酷刑防制暨漁工人權論壇！法外之船「權宜船」漁工人權問題多〉，二〇二一年六月二十三日。https://nhrc.cy.gov.tw/news/detail?id=3fdcb49d-c2c4-4074-b874-5fe8f0923b0e，最後瀏覽日期：二〇二一年十二月七日。
- 國家人權委員會新聞稿，〈以ESG創造永續發展陳菊盼企業治理與人權齊步雙贏〉，二〇二一年十二月六日。https://nhrc.cy.gov.tw/news/detail?id=d250f1e5-592c-4863-ae56-12b00a7a18dd，最後瀏覽日期：二〇二一年十二月七日。

國家圖書館出版品預行編目資料

海上人權路 / 陳菊, 王幼玲, 王美玉, 紀惠容作.
-- 初版. -- 臺北市 : 監察院, 2022.04
面； 公分
ISBN 978-626-7119-08-2(平裝)
1. CST: 勞動問題 2. CST: 外籍勞工 3. CST: 人權
4. CST: 漁業
556.56 111003409

海上人權路

發 行 人 陳菊
作　　者 陳菊、王幼玲、王美玉、紀惠容
行政統籌 蘇瑞慧、陳先成
執行編輯 邱秀蘭、黃吉伶、鄭慧雯、徐朗傑、陳中勳

美術編輯 捷徑文化出版事業有限公司
出 版 者 監察院——國家人權委員會
臺北市中正區忠孝東路一段2號
(02)2341-3183
https://nhrc.cy.gov.tw/
印製・經銷 捷徑文化出版事業有限公司
(02)27525618 Fax:(02)27525619
ISBN 978-626-7119-08-2
GPN 1011100303

初　　版 2022年4月
定　　價 新台幣420元(平裝)
展 售 處 國家書店松江門市
臺北市松江路209號1樓(02)25180207
http://www.govbooks.com.tw
五南文化廣場臺中總店
403台中市西區臺灣大道二段85號(04)22260330
http://www.wunanbooks.com.tw